HORST OSTERHELD

KONRAD ADENAUER
EIN CHARAKTERBILD

*Herrn György Jozsa

mit herzlichen
guten Wünschen!

Horst Osterheld.*

Herrn Ministerialdirigent W. Osterfeld zur Erinnerung an unsere ungn. gemeinsame Arbeit. Adenauer 1963

HORST OSTERHELD

KONRAD ADENAUER
EIN CHARAKTERBILD

BONN AKTUELL

CIP-Kurztitelaufnahme der Deutschen Bibliothek

Osterheld, Horst:
Adenauer – ein Charakterbild / Horst Osterheld
Stuttgart: Bonn Aktuell, 1987
ISBN 3-87959-310-8

Verlag BONN AKTUELL GmbH
April 1987
ISBN 3-87959-310-8

Bildnachweis:
de Kun S. 44b (oben), S. 80d (unten);
Georg Munker S. 105c;
Presse- und Informationsamt der Bundesregierung S. 8c,
S. 44a, S. 44b (unten), S. 44c (oben), S. 44c (unten), S. 44d,
S. 80b, S. 80c (oben), S. 105a, S. 105b;
Klaus Otto Skibowski S. 8b;
Stern Hamburg S. 8d;
UPI Frankfurt S. 80d (oben)

© Verlag BONN AKTUELL GmbH 7000 Stuttgart 31

Umschlaggestaltung: Reichert Buchgestaltung, Stuttgart
Satz: Fotosatz Roßkopf GmbH & Co. KG, 8900 Augsburg
Druck und Bindung: Kösel, Kempten

Alle Rechte vorbehalten
Nachdruck, auch auszugsweise, nur mit
Zustimmung des Verlages
Printed in Germany

Inhalt

Vorwort 7

1. **Gesundheit und Schaffenskraft** 13
   Gesundheit in hohem Alter, Stehvermögen, Fleiß und Leistungskraft, Grenzen der Gesundheit

2. **Selbstmeisterung** 23
   Selbstbeherrschung; Ärger wegschieben, Konzentration; innere Struktur; kein Primustyp, auch nicht bei Reden und Briefen; Tageslauf, äußere und innere Ordnung

3. **Gefühlsbereich** 31
   Liebe zu Familie, Natur und Kunst, vier generelle Feststellungen, Pessimismus und Optimismus, Ernst und Humor

4. **Umgang mit Menschen** 39
   Menschenkenntnis, Gesprächs- und Verhandlungsführung, Freundschaften, Verhältnis zu Journalisten, Verhältnis zu Mitarbeitern, Eigenheiten und Mängel im Umgang mit Menschen, Menschenverächter? Gründe für seinen Sturz

5. **Intelligenz** 53
   Vorbemerkung, Aufgeschlossenheit und Wissen, Gedächtnis, schöpferische Phantasie, Beweglichkeit und Festigkeit, Präsenz, Intuition

6. **Scharfsinn und Weitblick** 61
   Scharfer Blick; Kenntnis der Deutschen und Selbstkenntnis; Weitblick und Umsicht; Blick für die Außenpolitik, Entscheidung für den Westen; Fehler und Verdienst

7. **Zähigkeit** 71
   Durchstehen im Dritten Reich, „Aussitzenkönnen", Beharrlichkeit, Aussöhnung und Vertrag mit Frankreich

8. **Mut** 77
   Kampfgeist, Offenhalten der deutschen Frage, Mut im Dritten Reich? kühne Entschlüsse, Mut zu neuen Wegen

9. **Antriebskräfte** 85
   Vaterlandsliebe, Ehrgeiz, Machttrieb, Leistungswille, Wiederaufbau nach 1945

10. **Verantwortungsbewußtsein und Politik aus christlichem Geist** 97
    Verantwortungsgefühl; Sendungsbewußtsein? Religiosität; Beruf des Politikers; Aufrichtigkeit; der Mensch ist Mittelpunkt; Politik aus christlichem Geist, Wert der Freiheit; der Machtpolitiker und der christliche Staatsmann

11. **Ausklang und Würdigung** 105
    Das Sterben Konrad Adenauers; Abschied; Würdigung; politische Leistung

Anmerkungen 111

Zeittafel 116

Literatur 118

Personenregister 121

Vorwort

Ich habe Adenauer viele hundertmal gesehen. Als Leiter seines außenpolitischen Büros (seit 1960) nahm ich an fast allen Begegnungen des Bundeskanzlers mit Ausländern und an den entsprechenden Beratungen im deutschen Kreis teil. Ich erlebte ihn im Bundestag und vor der Presse, in Gesprächen mit den Großen seiner Zeit und mit einfachen Leuten, im Zenit seiner Autorität und in den Jahren des langsamen Machtverlustes. Bis zu seinem Tod blieb ich ihm verbunden.

Da wichtige Vorgänge noch geraume Zeit geheim bleiben mußten, es also nicht möglich war, das politische Geschehen jener Jahre vollständig zu schildern, entschloß ich mich zur ersten Fassung dieses Charakterbildes. Es erschien vor vierzehn Jahren, erreichte eine Gesamtauflage von 30 000 Exemplaren, ist aber seit sieben Jahren vergriffen. Ich war daher sehr froh, daß der Verlag Bonn Aktuell Interesse an einer Neuauflage zeigte, zumal sich so auch die Möglichkeit einer Überarbeitung bot. Nicht im Sinne größerer Korrekturen; ich sehe Adenauer, seine Stärken und Schwächen, heute ebenso wie vor vierzehn Jahren. Aber ich möchte das Porträt noch klarer und genauer, noch intensiver gestalten.

Seit der ersten Fassung sind zahlreiche Publikationen über Adenauer erschienen, darunter der erste Teil einer maßgebenden Biographie und auch mein Buch über Adenauers letzte Kanzlerjahre. Bei ihnen stehen naturgemäß das Leben und Kämpfen des Kanzlers im Mittelpunkt, das Auf und Ab mit Freund und Feind; er selbst wird im Strom der Ereignisse nur mit-geschildert, also indirekt und eher unvollständig. Bei einem so bedeutenden Mann besteht aber auch Interesse an seiner Persönlichkeit, d. h. an einer

Darstellung, die sich ganz auf ihn konzentriert, auf seine Eigenschaften, sein Wesen, seine innere Struktur.

Die erste Fassung des Charakterbildes erhielt viel Zustimmung, Anerkennung und eine ganze Reihe wichtiger positiver Rezensionen. Ich hoffe, daß die Neufassung eine ebensogute Aufnahme findet.

Alle Angaben, die Anmerkungen und das Literaturverzeichnis wurden auf den heutigen Stand gebracht. Zur besseren Handhabung wurde ein Personenregister angefügt.

Dafür, daß er diese Neuauflage möglich machte und für vertrauensvolle Zusammenarbeit bin ich Herrn Dr. Dr. Poller von Herzen dankbar.

Konrad Adenauer: Erster Bundeskanzler der Bundesrepublik Deutschland, im Jahre 1953.

Konrad Adenauer vor der Gartenfront des Palais Schaumburg, 1953.

Konrad Adenauer auf dem Zennigsweg vor seinem Wohnhaus in Rhöndorf, 1962.

Konrad Adenauer im Wahlkampf.

Gesundheit und Schaffenskraft

Es gibt unzählige Fotos von Adenauer. Jahrelang war er ein Lieblingsobjekt der Bildreporter. Das Gesicht mit den Falten des Alters, das so gelassen aussehen konnte, so energisch, amüsiert, jünger, zeitlos: es ist weithin bekannt. In Filmen sind seine Bewegungen festgehalten, sein sicheres Auftreten, die schlanke, straffe Gestalt. Seine Reden sind auf Schallplatten zu hören. Jeder kann noch immer die feste Stimme vernehmen mit dem unverkennbaren rheinischen Klang.

Denen, die ihn nur gelegentlich gesehen haben, mag sich vor allem Adenauers überlegene Intelligenz eingeprägt haben, die gelassene Würde oder sein Sinn für Humor. Für diejenigen, die Adenauer häufig beobachten konnten, war das Erstaunlichste wohl seine Kraft und Gesundheit – die für einen Mann seines Alters beispiellose Gesundheit des Körpers, des Geistes und der Nerven.

Nach Meinung der Ärzte war sie „einmalig in Deutschland". Der Achtzigjährige habe „ein Herz wie ein Pferd" und das „Arteriensystem eines jungen Mannes" gehabt. Während der großen Frankreichreise 1962 erklärte der begleitende Arzt, Adenauer sei in den fünf Jahren, in denen er ihn kenne, physisch nicht gealtert.[1]) Bis zum letzten Tag seiner Kanzlerschaft, ja bis März 1967 – also noch mit 91 Jahren – las Adenauer ohne Brille, auch schlecht vervielfältigte Telegramme. Er hörte so gut wie ein Vierzig- oder Fünfzigjähriger. Seine Hand zitterte nicht; bis zuletzt war seine Handschrift sicher und leserlich. Sein Gang war rüstig; und beim Abschreiten von Ehrenkompanien wirkte er oft elastischer als die begleitenden Offiziere.

Während des Japanbesuchs 1960 galt es, bei einem offiziellen Essen über zwei Stunden an einem ganz niedrigen Tisch im Schneidersitz auszuharren. Adenauers deutsche Begleiter erhoben sich nachher ächzend und konnten sich zunächst kaum bewegen; der „Alte" hingegen schüttelte nur ein paarmal die langen Beine und ging davon, als habe er bequem auf einem Stuhl gesessen.

Er stieg die 58 Stufen zu seinem Haus in Rhöndorf zügig hinauf, und man merkte ihm Genugtuung an, wenn wesentlich Jüngere dabei aus der Puste kamen. „Lassen Sie sich Zeit, bleiben Sie ruhig einmal stehen", sagte er dann, halb wohlwollend und halb maliziös.

Er verdankte diese Leistungsfähigkeit nicht etwa Verjüngungsspritzen; er bekam keine. Spaziergänge bei jedem Wetter, Boccia-Spiel, gelegentlich Massagen, in früheren Jahren auch Gartenarbeit; das war alles. Und um so mehr verschlug es daher einigen Mitarbeitern den Atem, als Adenauer ihnen 1963 in seinem Arbeitszimmer gymnastische Übungen eines Dritten vorexerzierte, indem er, auf einem Bein stehend, das andere über die hohe Lehne eines Sessels hin- und herschwenkte.

... „Und er ist 87", sagte de Gaulle wenige Monate später staunend-bewundernd, als sich Adenauer nach langen Gesprächen gerade verabschiedet hatte, „denken Sie ... sieben-und-achtzig!"

Adenauer war in der Tat der älteste Regierungschef seit Menschengedenken. Er war früher geboren als Stresemann, Brüning und sechs weitere Kanzler der Weimarer Zeit; er war dreizehn Jahre älter als Hitler. Fast im selben Alter, in dem Bismarck entlassen wurde, wurde Adenauer Kanzler und regierte dann länger als die 21 Kabinette der Weimarer Republik zusammengenommen und länger als das „Tausendjährige Reich".

Sprichwörtlich war Adenauers Stehvermögen. An seinem 87. Geburtstag, dem letzten als Bundeskanzler, begrüßte er fünfundsiebzig Gruppen aus Politik und öffentlichem Leben, zusammen viele hundert Gäste: sieben Stunden lang im Stehen. Die Morgenmesse und den Besuch eines Waisenhauses hatte er schon hinter sich. „Weshalb soll er eigentlich zurücktreten?" fragte ein sozialdemokratischer Journalist, nachdem er das ‚faszinierende Schauspiel' einige Stunden beobachtet hatte: „so etwas wie ihn gibt es doch nicht mehr."

Die Feierlichkeiten an Adenauers 90. Geburtstag zogen sich fünfzehn Stunden hin; und in der Nacht noch, der kältesten jenes Jahres, wohnte Adenauer vor der Bonner Universität dem großen Zapfenstreich bei; zeitweilig stand er ohne Hut.

Bei den Auslandsreisen wurde die Weltöffentlichkeit Zeuge seiner phänomenalen Spannkraft. Den ersten Besuch in einem anderen Land machte er 1951. Bis zu seinem Rücktritt folgten 77 weitere, die übrigens, schon weil die Flüge damals länger dauerten, wesentlich strapaziöser waren als heute.

Adenauer war nicht kleinzukriegen. Wohin er kam, erregten seine Vitalität und Elastizität, die jeglicher Lebenserfahrung widersprachen, Erstaunen, ja Bewunderung. Allein vom Standpunkt der physischen Belastung aus war z. B. die große Frankreichreise 1962 eine beachtliche Leistung. Drei Tage lang lösten sich in Paris Besprechungen und Veranstaltungen aller Art ab – fast ohne Pause und jeweils bis weit über Mitternacht hinaus. Anschließend ging die Reise in den Norden, Südwesten und Osten Frankreichs, weitere drei Tage lang, randvoll mit Besichtigungen, Reden und Festlichkeiten, immer inmitten vieler Menschen, Hände schüttelnd, ein paar Worte wechselnd... Adenauer war unverwüstlich, bis zuletzt in großer Form – bis zu dem symbolträchtigen Abschluß: der deutschfranzösischen Truppenparade in der Champagne vor ihm und de Gaulle und dem gemeinsamen Hochamt in der Kathedrale von Reims.

Nach solchen Reisen war es das übliche Bild, daß Begleiter und Journalisten erschöpft aus dem Flugzeug kletterten, während Adenauer gerade die (soundsovielte) Presseerklärung abgab. Und während jene nach Hause eilten, um wenigstens einige Stunden Schlaf nachzuholen, fuhr Adenauer vom Flugplatz direkt ins Büro, ganz gleich, wie anstrengend die Reise gewesen war, und setzte das Programm dort fort, wo es normalerweise um diese Tageszeit stand. Nicht nur aus Pflichteifer zugegebenermaßen; er wollte nebenbei demonstrieren, wie leistungsfähig er noch war. Aber er *war* es eben auch und übertraf darin alle Begleiter. Wie sie hatte er die klimatische Umstellung verkraften, die neuen Eindrücke verarbeiten müssen und hatte während der Reise wenig Schlaf bekommen. Darüber hinaus aber hatte er allein die Reden gehalten, die Besprechungen geführt und sich der Presse gestellt. Und obendrein hatte er die Entwicklungen in der Welt verfolgen und gelegentlich nach Bonn hineinregieren müssen.

Als sich Kennedy nach seinem denkwürdigen Deutschlandbesuch im Sommer 1963 in Berlin gerade verabschiedet hatte und Adenauer, inmitten von Hunderten, ihm noch Lebewohl winkte, staunte ein österreichischer Journalist: „Vier Tage sind wir nun auf den Beinen, der Kanzler mehr als wir; aber während wir zu Tode erschöpft sind, ist er frisch wie am Anfang; und er ist doppelt so alt ..."

Im Oktober 1963 machte er Abschiedsbesuche in Hamburg, München, Berlin und Köln. Er empfing die Spitzen von Wirtschaft, Wissenschaft, Verbänden, Kirchen und anderen Gruppen. Er verabschiedete sich von der CSU, der CDU, der Bundeswehr, dem diplomatischen Korps, den Ministerpräsidenten der Bundesländer und verschiedenen Gremien von Bundesrat und Bundestag. Es gab nun keine Pause mehr; auch mittags und an den Abenden fanden Abschiedsveranstaltungen statt, manchmal mehrere; der Bundespräsident gab einen Empfang mit 3000 Gästen. Immer wieder mußte der Kanzler Reden halten, darunter ausführliche und wichtige; mußte auch immer etwas Neues sagen, Tausende von Händen schütteln, immer ein freundliches Wort auf den Lippen. Prominente aus dem In- und Ausland drängten auf – wenn auch noch so kurze – Gespräche. Presse, Rundfunk und Fernsehen umlagerten ihn wegen Interviews. Und daneben regierte er mit ungeminderter Wachsamkeit weiter. Er mußte sich um zwei offizielle Besucher aus dem Ausland kümmern, präsidierte Kabinetts- und anderen Sitzungen und bearbeitete Akten bis zum letzten Tage ... als ginge die Verantwortung ins Unendliche weiter. Ja, er mühte sich noch leidenschaftlich um eine letzte Chance, Erleichterungen für die Berliner und unsere Landsleute in der DDR durchzusetzen, als Zugeständnis Moskaus für die riesigen Weizenlieferungen, mit denen unsere Verbündeten die sowjetischen Mißernten zu überbrücken halfen. Insgesamt eine Energieleistung ohnegleichen. „Wenn ich überlege", meinte er denn auch selbst am 7. Oktober im Presseamt, „was ich in diesen Wochen leisten muß, dann gebe ich mir tatsächlich noch eine ganze Reihe von Jahren Lebenszeit."

Manche, selbst solche, die den Kanzler öfter sahen, hatten gemeint, daß er sich bei wichtigen Anlässen zwar sehr zusammenreißen könne – ständige Hochleistungen trauten sie ihm jedoch nicht zu. Wer indessen häufig mit ihm zusammen war, wußte, wie unerhört Adenauer arbeitete, wie viele Besucher er täglich empfing und wie viele Akten er gleichsam ‚vom Tisch fegte'. Jeden Abend nahm er dann noch eine Mappe voll Akten nach Rhöndorf mit und bearbeitete sie nach dem Abendessen oder am nächsten Morgen früh.

Er war kein Genialischer, der die Einzelarbeit, den Kleinkram anderen überließ. Er wußte um die Bedeutung dieser Dinge; sie interessierten ihn auch. Riet man ihm, er möge mit seinen Kräften haushalten und mehr delegieren, antwortete er wohl: „Ach, lassen Sie man; ich ziehe die Einzelheiten ja gern an mich." Wenn ihm die großen Fragen Zeit ließen, kümmerte er sich um die geringen; kamen eilige auf, stellte er die weniger dringlichen zurück. Aber er arbeitete unentwegt.

„In diesem Haus" sagte ein hoher Beamter des Kanzleramts, „gibt es Faule und Fleißige; einige sind außerordentlich tüchtig und fleißig. Der Bundeskanzler schlägt sie alle."

Schon 1897 hatte Adenauer, um sein Studium in kürzester Frist abzuschließen, vor dem Examen Tag und Nacht gelernt. Wenn er müde wurde, stellte er die Füße kurz in kaltes Wasser und büffelte weiter.

Als Beigeordneter und Oberbürgermeister von Köln galt er als ein Fanatiker der Arbeit.

Die Härte, mit der er während der Hungerjahre 1946/47 alle Strapazen ertrug, als er die britische Zone beim Aufbau der CDU abklapperte, landauf, landab, nötigte seinem wesentlich jüngeren Fahrer höchste Bewunderung ab.

Und was leistete er erst als Kanzler! Wie viele zentrale Vorhaben kurbelte er allein in der ersten Legislaturperiode an: Wiederherstellung von Industrie- und Verkehrsanlagen, 1,5 Millionen neue Wohnungen, 2,5 Millionen neue Arbeitsplätze, den Regierungsapparat (es fehlte zunächst ja an allem, selbst Tischen und Telefonen), die Eingliederung der über 12 Millionen Vertriebenen und Flüchtlingen, den Lastenausgleich, soziale Gesetzgebung, Familienförderung und Wiedergutmachung im Inneren und weltweit. Und nach außen außerdem: das Einbezogenwerden ins westliche Verteidigungsbündnis, die Wiedergewinnung unserer Souveränität, die Mitgründung der europäischen Gemeinschaften ... Und dabei war Adenauer in jenen Jahren nicht nur Bundeskanzler und Parteivorsitzender, sondern zugleich Außenminister und (praktisch) Verteidigungsminister. Er war, wie es damals hieß: „70 % seines Kabinetts."

1961, nach dem Bau der Berliner Mauer, jagte eine Konferenz die andere; man tagte quasi in Permanenz. Es hagelte Erklärungen, Proteste und gemeinsame Noten. Truppen wurden verschoben, Notstandsplanungen liefen an. Außerdem hatte gerade der Bundestagswahlkampf begonnen, den Adenauer um so verbissener führte, je deutlicher wurde, wieviel Boden er durch Fehler in der ersten Woche nach dem 13. August verloren hatte (ich komme darauf zurück). Von seinen siebzehnstündigen Arbeitstagen in jener Zeit gibt es eindrucksvolle Berichte kritischer Journalisten.

Fünf Wochen lang reiste der Kanzler kreuz und quer durch Deutschland, hielt Hunderte von Reden, schüttelte Zehntausende von Händen. Mehrfach am Tage hatte der hagere Mann Hemd und Anzug durchgeschwitzt. Oft ging es bis nachts ein, zwei Uhr. Seine Begleiter mußten wegen Erschöpfung immer wieder ausgewechselt werden.

Und zwischendurch hieß es: weiterregieren und sich neben der brennenden Berlinfrage auch um andere Regierungsgeschäfte kümmern. Noch einen Tag vor der Wahl schrieb er Briefe an Kennedy, Nasser, Spaak und andere Regierungschefs. Er zwang sich sogar zu Repräsentationspflichten, empfing und verabschiedete Botschafter, widmete sich Besuchern und hetzte – als ein Außenminister überraschend gekommen war – mit Flugzeug und Auto nach Bonn, traf im letzten Moment ein und begrüßte den Gast fünf Minuten später so ruhig und entspannt, als käme er von einem Spaziergang durch den Park.

Bis zum letzten Tag vor der Wahl kämpfte Adenauer mit allem, was in ihm steckte. Aber die Wahl brachte keine Erleichterung. Adenauer hatte die absolute Mehrheit verfehlt. Um seine Kanzlerschaft hob mächtiges Tauziehen an. Außenminister Brentano trat zurück.

Und wieder folgte eine Besprechung der anderen, sieben Wochen lang, bis die Regierung im November 1961 endlich gebildet war. Oft

Fleiß und Leistungskraft

fiel die Mittagsruhe weg, mehrmals wöchentlich saß Adenauer über Mitternacht hinaus im Kanzleramt, nahm dann trotzdem noch Akten nach Rhöndorf mit, erhob sich am nächsten Morgen früh und erschien zur gewohnten Stunde im Büro.

Schon bald nach der Regierungsbildung, also nach 3 Monaten unerhörter Beanspruchung, flog er dann, von Außen- und Verteidigungsminister begleitet, zu wichtigen Besprechungen nach Washington – und zwei Wochen später nach Paris.

Man wird – und ähnliches wurde ihm im Jahre darauf, bei der Regierungsumbildung, erneut abverlangt – kaum jemanden nennen können, der lange Jahre hindurch so unentwegt, so erbarmungslos gearbeitet hat wie er.

Selbst im Urlaub leistete er mehr als mancher während der Dienstzeit. Er wurde ständig über alles Wichtige im In- und Ausland unterrichtet. Er regierte auch vom Ferienort aus. In jedem Urlaub empfing er Besucher, so z. B. im Herbst 1962: Lordsiegelbewahrer Heath, Nato-Generalsekretär Stikker, Norstad (Nato-Oberbefehlshaber), McBundy (außenpolitischer Berater Kennedys), Schröder, Brandt, Krone, Meyers (Ministerpräsident von Nordrhein-Westfalen), Globke und andere Herren seines Stabes sowie einflußreiche Journalisten. Böse Zungen redeten von „Wallfahrten" nach seinem Urlaubsort, von „Huldigungen", die er dort entgegennehme; – Cadenabbia „versprach" man gelegentlich in „Cadenossia".

Am 19. August 1963, als er morgens zu seinem letzten Urlaub abgeflogen war (den er nun *endlich,* wie etliche glaubten, ruhig verbringen werde), trafen seine telegrafischen Weisungen schon um 14.30 Uhr in Bonn ein; d. h., er hatte sie direkt nach der Ankunft in Cadenabbia abgeschickt. Noch im Wahlkampf 1965 begeisterte Adenauer die Massen. Er war der zugkräftigste Redner, sprach an manchen Tagen ein dutzendmal und beschämte seine Begleiter durch seine stählerne Widerstandskraft.

Wenn man bedenkt, daß er in jener Zeit noch Bundeskanzler hätte sein können?...!...

Man kann Adenauers Spann- und Schaffenskraft kaum überzeichnen.

Obwohl uralt ... war er im Wesen gar nicht alt. Er verfiel nicht in weitschweifige Reminiszenzen – das Jetzt und Hier: waren *seine* Zeit und *sein* Platz! Bei ihm gab es kein langatmiges Altersgeplauder, kein Kreisen um immer unbedeutendere Interessen. Er war straff, energisch, kühn ... sehr weit und wach.

Für die äußere und innere Gesundheit in seinem Alter gibt es keine Parallele. Und doch hatte auch sie Grenzen.

Seit einem schweren Autounfall 1917 litt Adenauer häufig unter Kopfschmerzen und seit den Verfolgungen im Dritten Reich unter Schlaflosigkeit. Vor mancher großen Rede wurde er plötzlich stockheiser. Er hielt die Rede dann doch, und wenn er auf dem Podium stand, war seine Stimme wieder fest und klar.

So gelassen er schien – vor schwierigen Konferenzen packten ihn oft Befürchtungen, und der sonst so nüchterne Mann fing an schwarzzusehen. Das konnte so weit gehen, daß er während der letzten Vorbesprechung (mit Außenminister und Staatssekretären) düstere Ahnungen äußerte: „bei der Konferenz werde doch nichts herauskommen; sie werde scheitern" – ja, daß er die Vorbesprechung einfach abbrach. Wer ihn nicht gut kannte, sah der Konferenz dann bedrückt entgegen; denn Adenauer hatte seine Befürchtungen nicht gespielt, sondern wirklich empfunden.

Sein Lampenfieber konnte – das Thermometer wies es aus – zu wirklichem Fieber werden. Mögen Ärzte das sachlich deuten. Für mich waren es Zeichen für das außerordentliche Engagement und für die Kompliziertheit dieses Mannes. Die pessimistischen Phasen waren ein Mittel seiner Natur, auch die letzten Reserven an Scharfsinn und politischer Phantasie mobil zu machen und die Probleme von allen Seiten zu durchdringen. Zur Sitzung erschien Adenauer dann äußerlich völlig ruhig; seine Ausführungen waren gut, manchmal hervorragend. Für die, die ihn kannten, wurde es zur Faustregel, daß Konferenzen, die ihn besonders gequält hatten, gut gelangen.

Ein- oder zweimal im Jahr hatte Adenauer Bronchialkatarrh oder Grippe, ‚am liebsten um die Weihnachtszeit'. Wenn möglich nahm er sich Zeit, sie auszukurieren und entging dadurch manch lästigem Termin. Wenn es aber darauf ankam, blieb oder wurde er gesund. In den Wintern 1961 und 1962, als es um seine Kanzlerschaft ging, fiel er keinen einzigen Tag aus, half sich über Erkältungen mit

Medikamenten hinweg und mobilisierte alle Abwehrkräfte seines Körpers. Man merkte ihm die gewaltige Anstrengung zwar an; die Falten waren tiefer; aber der Kanzler war wach wie immer und schaffte das riesige Arbeitspensum wie in seiner besten Zeit.

Vielleicht – dieser Gedanke drängt sich auf – vielleicht hätte sein eiserner Wille ihn über den 19. April 1967 hinaus gesund erhalten; vielleicht hätte Adenauer noch Jahre leben können? Sein Auge war ja, wie es von Moses heißt, nicht erloschen und seine Kraft nicht geschwunden. Aber als ihn am Osterdienstag jenes Jahres die Herzattacke traf, *wollte* Adenauer letztlich nicht mehr. Das ständige Entfachen der Kräfte – er zwang es sich nicht länger ab.

Es war nun genug.

Selbstmeisterung

Es ist bekannt, daß Adenauer ein ungemein willensstarker Mann war. Einige Beispiele brachte ich bereits.

Seine Selbstbeherrschung begann im Physischen. Er war im Essen und Trinken generell mäßig. Standen aber lange Besprechungen bevor, nahm er so wenig zu sich, daß er sich nicht vom Fleck zu rühren brauchte. Bei Hunderten von Bundestagsdebatten saß er halbe Tage lang fast unbeweglich auf der Regierungsbank. Und viele werden sich erinnern, wie er während der Abschiedsrede Gerstenmaiers am 15. Oktober 1963 vierzig Minuten an seinem Platze stand – wie aus Stein gehauen, bevor er selbst das Rednerpult betrat.

Wer die Reisen Großer mitgemacht hat, kennt die Versuchung, mit Angehörigen unserer Auslandsvertretung und der Delegation zusammenzusitzen und bis spät in die Nacht zu plaudern, um sich auf den ‚genus loci' einzustellen; mit Alkohol und wenig Schlaf. Der Kanzler war weder menschenscheu noch ein Asket; aber gute Arbeit ging ihm über alles. So hörte er sich an, was er zur Sache und zu den Personen noch erfahren mußte, zog sich dann aber meist zurück. In seinem Zimmer überflog er noch einmal die wichtigsten Papiere – „den Stoff beherrschen", war einer seiner Grundsätze – legte sich die Argumente zurecht und ging zu Bett. Am nächsten Tag erschien er zur Konferenz im Vollbesitz seiner Kräfte.

Zur Selbstbeherrschung gehörte das Haushälterische – im wörtlichen und übertragenen Sinn. Der Kanzler hob beim Treppensteigen die Füße nur wenige Millimeter höher, als er unbedingt mußte.

Aber er stieg viele Stufen hoch, gleichmäßig und zäh. Er begann nicht enthusiastisch, aber ihm wurde der Atem auch nicht kurz. Er verlor wenig Energien durch Eitelkeit oder Überschwang, aber auch nicht durch Hängenlassen.

Er verschwendete keine Zeit. Sie ist für viele wertvoll; für einen Bundeskanzler ist sie mit das Kostbarste. Adenauer war pünktlich; d. h., wenn zulässig, kam er zwei, drei Minuten zu spät; bei protokollarisch wichtigen Anlässen erschien er durchweg etwas zu früh. Da sein Tageslauf geordnet war und der Kanzler sehr schnell arbeitete, brauchte er – trotz zahlreicher Termine – nicht zu hetzen. Für wichtige Dinge hatte er immer Zeit; aus Zeitnot nicht gründlich gearbeitet zu haben, ließ er weder bei sich noch bei seinen Mitarbeitern als Entschuldigung gelten.

Auf der anderen Seite verstrich keine Minute ungenutzt. War ein Termin früher als vorgesehen zu Ende gegangen, verwandte Adenauer die freigewordene Zeit sofort, um zu telefonieren, zu diktieren oder rasch eine Besprechung einzuschieben. Nicht umsonst liebte er Uhren und umgab sich zu Hause und im Palais Schaumburg mit wertvollen Stücken mit schönem Schlag. Sein Abschiedsgeschenk an das Kabinett war eine große Tischuhr mit Zifferblättern nach den vier Seiten, „damit sich alle Diskussionsredner der nicht zurückholbaren Zeit bewußt bleiben".

Der Terminplan ließ sich freilich nicht immer einhalten. Unvorhergesehenes mußte eingepaßt werden, wenn es wichtig oder eilig war. Adenauer wollte dann auch das ursprüngliche Programm erledigen, d. h., es mußte noch rascher gearbeitet werden. Dabei traute und mutete er sich selbst das Äußerste zu.

Einer der stärksten Eindrücke, den viele von ihm empfingen, war der großer Ruhe und Beherrschtheit, seltener Sicherheit.

Er hatte ‚ganz gute Nerven', und jedenfalls hatte er sich sehr in der Gewalt. Vor dem großen Frankreichbesuch 1962 gab Adenauer ein Fernsehinterview – obwohl er in einem Berg von Arbeit steckte. Zunächst brannte dem Kameramann eine Lampe durch; das Interview mußte wiederholt werden. Diesmal hatte, wie sich am Schluß herausstellte, der Ton versagt. Kein Fluch, kein Tadel Adenauers. Er ging hinaus, da ein wichtiger Besucher bereits wartete, unterhielt sich mit ihm, kehrte zurück, als das Fernsehteam erneut aufnahmebereit war und sprach zum drittenmal, ohne Hetze oder Verstimmung.

Während des Flugs zum Katholikentag in Hannover (Sommer 1962) sprang plötzlich die Tür des Flugzeugs auf. Die Maschine mußte wegen des Druckverlustes rasch hinuntergehen. Die Begleiter fuhren zusammen, zu Tode erschrocken. „Sorgen Sie dafür, daß die Tür wieder geschlossen wird", sagte der Alte nur und arbeitete in seinen Papieren weiter.

Er empfand Ärger wie andere, ‚knotterte' gelegentlich, schimpfte, „machte sich Luft"; in Cadenabbia gab es immer kleine Explosionen. Aber Adenauer wußte genau, wann und wie er sie ‚zuließ'.

Persönliche Angriffe suchte er zu überhören; „sie schaffen nur höhere Temperaturen und dann auch sachliche Gegensätze".

„Wer sich ärgert, büßt die Sünden anderer Leute", war eine häufige Redewendung, und er meinte, daß ein Politiker in der Lage sein müsse, Ärger ‚wegzuschieben'. Er selbst konnte es; er konnte ihn tage- und wochenlang zurückdrängen und notfalls endgültig ‚verdauen'. Es war eine sehr nützliche Eigenschaft.

Mißtrauen in der Politik hielt er für notwendig; und als er bei Kennedy ein Gutteil davon bemerkte, rechnete er es ihm auf die Haben-Seite. Sein eigener Argwohn war eigentlich ständig wach. Ja, gerade die Tatsache, daß er sich ‚nicht leicht hereinlegen ließ', war für manchen Menschenkenner ein zusätzlicher Grund, dem Kanzler zu vertrauen. Selbst bei de Gaulle und Dulles war Adenauer stets auf der Hut.

Auf der anderen Seite aber hatte ihn das Leben gelehrt, daß der Übermißtrauische nichts Großes schaffen kann – es gab in Bonn geradezu tragische Beispiele – und daß ein Politiker auch vertrauen muß; „denn das ist die Basis politischen Zusammenlebens".

Adenauer hatte gelernt, sein Mißtrauen zu beherrschen. 1960 hatten er und de Gaulle sich in Rambouillet mißverstanden. Mehrere Versuche, „die Sache wieder in Ordnung zu bringen", hatten wenig gefruchtet. Da fuhr Adenauer im Februar 1961 selbst nach Paris, sprach sich mit de Gaulle aus, entschloß sich, erneut zu vertrauen und machte damit den Weg frei, der zum deutsch-französischen Freundschaftsvertrag führte.

Fast jeder, der längere Zeit in Adenauers Umgebung arbeitete, geriet mehrere Male in die Mißtrauenssphäre. Wenn sich der Kanzler aber überzeugte, daß sein Argwohn unbegründet war, schob er ihn beiseite und arbeitete mit dem Betreffenden ohne Vorbehalt weiter. Daß Adenauer, entgegen vielen Befürchtungen, wirklich nicht nachtrug, sobald er sich wieder zu vertrauen entschlossen hatte, war eine seiner glücklichsten Gaben.

„Wer nie einen Konflikt hatte, der taugt nicht viel", sagte er bei seinem Abschiedsbesuch in Berlin 1963, „wenn die Konflikte aber ausgefochten sind, gehören sie der Vergangenheit an."

Verschiedentlich lud er Leute, mit denen er sich „verkracht" hatte, zu einer Flasche Wein ein oder reichte ihnen die Hand wieder hin (wenn auch nicht immer oder erst nach geraumer Zeit). Sogar über den Zwischenruf Schumachers vom „Kanzler der Alliierten" hat Adenauer 1949 recht bald hinweggesehen.

Zur Selbstmeisterung gehörte Adenauers Fähigkeit, sich rasch und außerordentlich konzentrieren zu können. „Und wenn Kanonen neben Dir abgefeuert werden", hatte der Vater ihn gelehrt, „hast Du bei Deiner Arbeit zu bleiben." Das war dem Sohn zur Natur geworden. Jeder Aufgabe wandte er die ungeteilte Aufmerksamkeit zu. Hatte er sie gelöst, kam er von sich aus nicht mehr darauf zurück, konzentrierte sich vielmehr ganz auf die nächste – in seiner Kanzlerzeit: auf viele hundert täglich.

Für Adenauers Fähigkeit sich zusammenzureißen, brachte ich bereits etliche Beispiele. Ein weiteres gab er bei seinem Abschiedsbesuch in Rom im September 1963. Damals setzte ihm der Schirokko mächtig zu. Man merkte, was sehr selten war, daß sich der Kanzler nur mit Mühe aufrecht hielt. Aber mit eiserner Energie zwang er die Schwäche nieder und gab auf die Ansprache des Papstes eine glänzende Erwiderung. Ja er stürzte sich, um der italienischen Regierung bei inneren Schwierigkeiten zu helfen, aller Müdigkeit zum Trotz, in zahlreiche zusätzliche Gespräche.

Wer sich aber derartig in der Gewalt hat, wer sich selbst so befehlen kann, der kann auch anderen gebieten.

Dabei war das Maß seiner Selbstbeherrschung keineswegs selbstverständlich; denn beide Eltern waren jähen Temperaments gewesen, und auch in ihm steckte – entgegen der gängigen Meinung – erhebliches Temperament.

Er hatte Dampf, wie wir zu sagen pflegten, und machte andere dampfen. Im Auto fühlte sich der Kanzler erst bei Höchstgeschwindigkeit wohl. „Geben Sie Gas", wurde zu einem geflügelten Wort. Er konnte ungeduldig werden, wenn ein Dolmetscher ein paar Sekunden nach dem passenden Wort suchte. Kaum hatte er einen Brief geschrieben, wünschte er ihn schon beim Empfänger. Alle Unterlagen sollten rasch zur Stelle sein. Hatte er einem Mitarbeiter dreißig Minuten zugebilligt, hielt er so lange zwar Ruhe; dann aber ließ er mahnen, manchmal alle fünf Minuten.

Seine Gedanken waren ständig in Bewegung, weite Räume durchforschend und zugleich die Details, die Stolperdrähte genau beobachtend, dabei rasch, wendig, gedankenprall. Noch beim letzten Gespräch, das ich mit ihm hatte, am 17. März 1967, war er so lebendig wie eh und je. Länger als eine Stunde sprach er über Politik und Politiker: freundlich, höflich, schalkhaft, sehr frei; aber auch streng, grollend, fast verzweifelt... ein Thema nach dem anderen, Schlag auf Schlag.

Selbst er, dessen Sicherheit vielen so imponierte, hatte im Dritten Reich zwei-, dreimal die Nerven verloren. Viele, die ihn nur selten sahen, meinten, er sei bis ins Innere ruhig und fest; in Wirklichkeit aber war das nur die äußere Schicht, so kompakt sie war. Unter ihr gab es eine andere Schicht, in der Ungeduld, ja Reizbarkeit zu Hause waren. Darunter wieder eine Lage Gelassenheit und dann, nach Innen zu, eine direkt brodelnde Schicht. Aus ihr kamen die großen Energien, die ich geschildert habe. In ihr wurzelten der Geltungstrieb und der mächtige Leistungswille. Der Kern dann war meines Erachtens ruhig und fest; aber die brodelnde Schicht über ihm darf nicht vergessen werden. Sie erst macht die Aktivitäten erklärlich, die Adenauer als Oberbürgermeister und – in stärkerem Maße noch – als Kanzler entfaltete, ja geradezu entfesselte.

Das Korrelat der enormen Anspannenskraft war das Entspannenkönnen. Oft des Abends, bevor er sich zur Ruhe legte, vertiefte er sich in Gemälde. Er konnte sie immer wieder anschauen. Ab und zu entdeckte er eine weitere Besonderheit und machte seinen Sohn darauf aufmerksam. Bei dieser Betrachtung entspannte er sich, wurde ruhig, stimmte sich auf das Schlafengehen ein.

Diese Fähigkeit, sich in andere und anderes zu versenken, zeitweise ganz von sich abzusehen, half ihm, unter anderem, in immer höherem Maße Herr seiner selbst zu werden.

So außerordentlich sich Adenauer in Wahlkämpfen engagierte – wenn alles getan war, wartete er ruhig auf das Ergebnis, lud seine Enkel zum Nachmittagskaffee ein und legte sich früh zu Bett. So sehr er sich (etwa durch den Terminkalender) selbst unter Druck setzte, um das Höchste aus sich herauszuholen – er löckte manchmal gegen die eigene Ordnung, warf Termine um oder sagte ein Interview ab. Das gehörte zur Gesunderhaltung.

Im Gegensatz etwa zu de Gaulle war er weder als Redner noch im Schriftlichen sonderlich ambitiös. Er muß, wenn man seine Reden, die Ausführungen zur Presse und bei Veranstaltungen aller Art zusammennimmt, als Kanzler Tausende von Ansprachen gehalten haben. Mit den politischen gab er sich einige Mühe; er wußte, wie wichtig sie waren. Aber auf Glanz und schöne Form wollte er nicht zu viel Kraft und Zeit verwenden. Ihm genügte, wenn sie klar und überzeugend waren. Auch die unzähligen Tischreden, die er gehalten hat, brauchten nicht imponierend oder geschliffen zu sein; er wollte nur begrüßen, Atmosphäre schaffen und Sympathie bekunden. Die geläufige Kritik an seinem ‚primitiven' Deutsch störte ihn nicht. Er hielt eine einfache Sprache für richtig.

Bei den schriftlichen Arbeiten kam es ihm nicht auf Eleganz oder hohen Gedankenflug an, sondern auf klaren, logischen Aufbau und ... Kürze. Bei den Briefen legte er auch auf Höflichkeit Wert.

Adenauer war kein Primustyp. Er wußte, daß er sündigte, und in mancher Hinsicht war er mit sich selbst ‚duldsam'. „Wir sind alle Sünder", flocht er in eine seiner letzten Tischreden ein, „und das beste ist, die Sünden aufrichtig zu bereuen, dann aber auch wirklich zu vergessen."

Bis ins höchste Alter vermochte Adenauer, seine Kräfte fast ganz nach Wunsch zu handhaben, sie zurückzuhalten oder bis zum äußersten einzusetzen. Dabei spielte die Ordnung eine erhebliche Rolle.

Er war ein Mensch, der Ordnung hielt, Ordnung brauchte und seine Umwelt ordnete. Ohne Ordnung hätte er sein Werk nicht schaffen können.

Sie begann mit einem geregelten Tageslauf. Adenauer stand zwischen 5 und 6 Uhr auf, stapfte einige Minuten durch die Badewanne mit kaltem Wasser, legte sich noch einmal ins Bett und erhob sich erneut zwischen 6 und 6.30 Uhr. Er trank eine Tasse Tee aus der Thermosflasche, las die Frühnachrichten, bearbeitete Akten und diktierte von 8 Uhr an persönliche und eilige Sachen. Im Anschluß daran frühstückte er mit seinem Sohn Paul, der bei ihm wohnte, verließ das Haus gegen 9 Uhr und traf eine halbe Stunde später im Palais Schaumburg ein (in den Fünfziger Jahren lag das alles eine Stunde früher). Im Büro folgte eine Besprechung auf die andere bis 13 oder 13.30 Uhr. Der Kanzler unterzeichnete dann einige Schreiben, aß allein zu Mittag und legte sich zur Ruhe. Gegen 15.30 Uhr nahm er die Gespräche wieder auf, das erste, wenn möglich beim Spaziergang durch den Park; in ruhigeren Zeiten legte er auch ein Boccia-Spiel ein. Dann empfing er weitere Besucher, bearbeitete Akten bis etwa 20 Uhr und fuhr nach Rhöndorf zurück. Er aß mit seinem Sohn zu Abend, studierte Akten, las oder hörte Musik. Gegen 23 Uhr ging er zu Bett.

An Allerheiligen und an den Todestagen besuchte er das Grab seiner beiden Frauen. Er sorgte für regelmäßige Familientreffen. Er war kein aufrührerischer Sohn gewesen, kein Rebell, der in Auflehnung Selbstbestätigung suchte. Ordnung in der Familie, ‚das war wie klares Wasser'.

„Nur wer innere Ordnung hat, hat innere Kraft", sagte Adenauer. „Dazu bedarf es vieler Arbeit an sich selbst", ergänzte er bei anderer Gelegenheit, „des Abwehrens unguter Einflüsse, des Festhaltens an Bewährtem ... des Bemühens, mit den Widrigkeiten des Lebens fertig zu werden." „Was einem auf die Schultern gelegt wird, muß man tragen."

Nachdem sich seine Fraktion auf Erhard als Nachfolger geeinigt hatte (April 1963), fürchteten viele, auch aus seiner Umgebung, Adenauer werde nun schwierig werden ... aber er hielt sich bewundernswert – auch nach dem endgültigen Sturz im Oktober.

Wer will ermessen, was da in ihm vorgegangen ist? Nach vierzehn Jahren auf dem ersten Platz!? Nach langer beispielloser Anstrengung, nach epochalen Erfolgen? Welche Probe! „Mir ist", sagte er in jener Zeit, „als hätte man mir Arme und Beine abgeschlagen."

Aber er ließ sich nicht hängen, stellte sich vielmehr neue Aufgaben, gab sich eine neue Ordnung und einen neuen Tageslauf. Am frühen Morgen wanderte er eine Stunde durch das Siebengebirge oder marschierte auf dem Leinpfad am Rhein entlang, oft bei Nebel und Regen. An der Dollendorfer Fähre stieg er ins Auto und fuhr in sein neues Büro im Bundeshaus. Dort empfing er in- und ausländische Besucher und nahm an der parlamentarischen Arbeit teil – bis die ‚Erinnerungen' seinen Tageslauf stärker bestimmten.

„Nicht verbittern, sich nicht unterkriegen lassen!" Oft wird er sich einen mächtigen Ruck gegeben haben. Und was es ihn auch gekostet haben mag: – schon am Geburtstag 1964 blitzte die alte Munterkeit gelegentlich wieder auf, und lächelnd nahm er, vor dem früher Ehrenkompanien präsentiert hatten, die Parade einer Kölner Karnevalsgarde ab. Und wenn vieles auch Fassade war – denn er war ins Mark getroffen! – er zwang sich, den schweren Schlag zu verwinden. Daß es ihm ganz gut gelang, half ihm selbst, gewann ihm wieder einige Freunde und bereicherte das Bild, das er der Welt hinterließ.

Gefühlsbereich

Adenauers Gesichtsausdruck konnte im Laufe eines Gesprächs hundertmal wechseln. Zwar war er (wie andere Politiker) ein guter Schauspieler, ja, da er sich so in der Gewalt hatte, ein vorzüglicher – aber seine lebhafte Mimik war durchgängig Ausdruck echter, spontaner und sehr nuancierter Gefühle. Sie waren leicht ansprechbar, ‚schwangen mit' – und die Skala der Empfindungen war, im Gegensatz zur landläufigen Meinung, breit und ausgewogen. Aufgeräumtheit wechselte mit Einsilbigkeit, Frische und Witz mit düsterem Ernst. Adenauer kannte Liebe und Haß, Freude und Stolz, Eifersucht und Ehrfurcht.

Ich brauche diese Gefühle nicht einzeln darzustellen; für den Zweck dieses Porträts genügen einige Lichter.

Adenauer war ein Familienmensch. Er hatte an Vater und Mutter gehangen. Mit seiner Familie „in Harmonie und Herzlichkeit verbunden zu sein", empfand er „als außerordentliche Gnade und als großes Glück". In einem Leben voll Glanz, aber auch harter Bedrängnis, war ihm die Familie die beständigste Quelle der Kraft. An seinem 90. Geburtstag machte ihm kein Geschenk mehr Freude als ein Stammbaum, den Kinder und Enkel ihm gemalt hatten.

Seine zweite Liebe galt der Natur. „Um die Menschen aus den Straßen und Gassen zu befreien", hatte er nach dem ersten Weltkrieg den Kölner Grüngürtel geschaffen oder besser: in jahrelangen Kämpfen durch*getrotzt:* Er hielt ihn selbst für seine größte Leistung als Oberbürgermeister.

Nichts fand er „wohltuender und befreiender als einen weiten Blick über das Land bis zum Horizont". „Die wunderbare, erhabene

Größe der Natur" und die Kraft, mit der sie in jedem Frühjahr durchbricht, erfüllten ihn immer wieder mit neuem Mut. In den schweren Jahren des Dritten Reichs half ihm sein Garten über vieles hinweg. Adenauer war ein wirklicher Rosen- und Pflanzenkenner, ein Gärtner, der gelernt hatte, wie rasch etwas verwildert und verkommt ohne rechte Pflege, und wieviel fruchtbarer und schöner alles gedeiht, wenn man sich Mühe gibt. Mit 85 Jahren sagte er (bei seinem Bericht „Aus meinem Leben"), daß er sein Brot noch immer als Gärtner verdienen könne; und die ihn kannten, wußten, daß das nicht übertrieben war; dem Wissen und Leistungsvermögen nach hätte er es noch gekonnt.

Eine dritte Liebe war die Kunst. Unmittelbar nach dem Krieg, in den kurzen Monaten seiner zweiten Phase als Oberbürgermeister ließ er die Kunstschätze seiner Vaterstadt aus der Burg Hohenzollern, wohin sie ausgelagert waren, an den Rhein zurückholen ... um den Gefahren der turbulenten Zeit zu entgehen, übrigens im städtischen Leichenwagen.

In allen Ländern, in die ihn die Geschäfte als Kanzler führten, besuchte er Museen und Gemäldegalerien. Noch zwei Monate vor seinem Tod, während der Spanienreise, besichtigte er eingehend den Prado, Toledo und den Escorial, die Gemälde Grecos und stand lange vor dem Bild des von ihm hochgeschätzten Karl V.

Er sammelte Gemälde und umgab sich (zu Hause und im Büro) mit schönen Möbeln und wertvollen Bildern.

Auf seinem Nachttisch lagen immer ein paar Bändchen deutscher Lyrik, und er löschte selten das Licht, ohne ein, zwei Gedichte gelesen zu haben.

Klassische Musik bedeutete ihm viel. Daß ihm Haydn lag, ist kaum verwunderlich, mehr daß er Schubert liebte. Zum letzten Weihnachtsfest, das er erlebte, hatte ich ihm Schuberts Liederzyklus ‚Die schöne Müllerin' geschenkt, in einer Aufnahme, die ihm gefiel. Er hat sie dann bis zu seinem letzten Geburtstag (1967), also innerhalb von zehn Tagen: sechsmal angehört! Wer, der ihn zu kennen glaubte, hätte das für möglich gehalten?

Diese Andeutungen mögen genügen. Weitere Einzelheiten dürften für das Porträt nicht erforderlich sein, wohl aber einige allgemeine

Feststellungen. Denn die Gefühlswelt Adenauers hatte für Art und Erfolg seines Wissens ganz erhebliche Bedeutung – auch für sein Bild in der Geschichte.

Adenauer meinte, daß ein Politiker ein „halbwegs dickes Fell" haben müsse. Kennedy tue ihm leid, sagte er einmal; „eine so schwere Aufgabe – mit einer so dünnen Haut! Sie muß dicker werden, sonst kann er das Amt nicht aushalten". Von sich selbst meinte er, manchen Fehler zu haben, „aber nicht den großer Empfindlichkeit".

Der Kanzler war in jüngeren Jahren sensibel, ja schüchtern und verwundbar gewesen. Aber seither hatte er ich abzuschirmen gelernt. Was für die Aufgabe nicht wesentlich war, ließ er kaum noch an sich heran. Enttäuschungen trafen ihn nicht mehr tief. Mitfühlen zehrte nicht an ihm. Über Verlust und Verrat suchte er, bald hinwegzukommen.

Im Dienst legte er gleichsam eine Lederrüstung an. Sie hinderte ihn nicht, alles um sich herum zu spüren, feite ihn aber gegen die ständigen Stiche und auch gegen heftigere Attacken. Zu Hause, wenn er ‚Mensch' sein konnte, legte er die Rüstung ab. In den Jahren als Bundeskanzler trug er sie freilich fast immer.

Als erstes ist mithin festzuhalten, daß des Kanzlers Gefühle stets ansprechbar waren und alle Eindrücke recht genau registrierten, daß er sie jedoch – gleichsam auf dem Weg zum Herzen hin – bremsen, anhalten oder ablenken konnte.

Damit war eine zweite Fähigkeit verwandt, nämlich die, daß er die Gefühle, die in ihm entstanden und aus ihm herausdrängten, gewöhnlich gut zu kontrollieren und zu bändigen wußte. Die meisten Menschen werden schon im Alltag von Affekten beherrscht, erst recht in kritischen Momenten. Zu- und Abneigungen färben ihren Blick. Auch Adenauer war davon nicht frei. Im allgemeinen konnte er seine Gefühle jedoch gut „aus dem Wege halten"; weder hinderten sie ihn ‚am Erfassen der Wirklichkeit' noch ‚trieben' sie ihn: Seine Miene und, mehr noch, seine Zunge waren mehrfach gezügelt.

Das trug ihm den Ruf ein, kalt zu sein und nur den Kopf regieren zu lassen – eine Kritik, die ihn wenig störte. „Wer große Verantwortung trägt", bemerkte er dazu, „muß ein warmes Herz haben; aber er muß auch einen kühlen Kopf haben, sonst führt ihn sein warmes

Herz bald in die Irre." „In der Politik darf man nicht emotional handeln." „Man soll sich ruhig einmal Luft machen – aber dann muß man die Sachlage mit kühlem Kopf überdenken."

Es fiel dem Kanzler nicht allzu schwer, nach dieser Maxime zu handeln. ‚Im Dienst' war er kein warmherziger, kein gemütvoller Mann. Vom Gefühl her Einfluß auf seine Politik oder das Regieren nehmen zu wollen, hätte wenig Erfolg gehabt. Er ließ den Gefühlen durchaus Raum, aber eigentlich nur an der Oberfläche; maßgebenden Einfluß hatten nur wenige (ich komme gleich darauf). Viele Politiker werden wesentlich stärker von Gefühlen bestimmt; Churchill, de Gaulle und Ben Gurion waren leidenschaftlicher als er. Adenauer wehrte sich dagegen, von Empfindungen fortgerissen zu werden, und wollte auch nicht, daß das anderen geschah. Er lehnte ab, die Wählerschaft emotional ‚aufzuladen' oder sie durch Gefühle zu manipulieren. Er hatte unermüdlichen Schaffensdrang, tiefsitzende Überzeugungen und einen außerordentlichen Leistungswillen, aber die emotionelle Seite war nicht sehr ausgeprägt; das Affektive, die Gefühlsbewegt- und -betontheit waren geringer als bei vielen; und einmal, beim Bau der Mauer in Berlin, hat ihm das sehr geschadet. Er legte keinen Wert darauf, Menschen mit sich fortzureißen und die Geister zu entflammen. Er konnte es auch nicht, und das war für seine politische Wirkung ein Manko.

Aber – und das ist der dritte Punkt: Wenn seine Gefühle nach außen auch selten in Erscheinung traten, einige reichten tief. So wenig sie in der Tagespolitik zu suchen und etwa zu entscheiden hatten, welches Mittel nun eingesetzt, welcher Zug getan werden sollte – als „Antriebskräfte" hielt Adenauer sie „für unerläßlich"; und als solche hatten sie wesentlichen Einfluß. Dabei kann dahinstehen, wo Ehrgeiz, Machttrieb und Leistungswillen einzuordnen sind – Vaterlandsliebe und religiöses Verantwortungsgefühl gehören zum Gefühlsbereich und waren Motoren für das mächtige Werk. Ich komme darauf ausführlich zurück. Hier sei nur festgehalten, daß Adenauers Tun und Trachten nicht gefühlsbestimmt war, daß aber einige Gefühle bzw. Überzeugungen tief reichten und für die Richtung seines Handelns maßgeblich waren.

Das führt – als vierte allgemeine Beobachtung – zu Adenauers „Doppelanlagen", d. h. jenen Eigenschaften, die in gegensätzlichen

Regionen wurzeln, sich aber in einem weiten Bogen zusammenfinden.

Adenauer war, wie gesagt, voller Argwohn und zugleich vertrauend; er war gelassen und ungeduldig in einem; er war egozentrisch - und konnte sich in das Gegenüber ganz vertiefen. Es gab einen ‚harten' und einen ‚weichen' Adenauer. Er nahm Dinge einerseits leicht und andererseits schwer. Ersteres gab ihm den Mut, kühn ins Unbekannte hineinzuschreiten, ja, gelegentlich übereilt zu handeln. Letzteres ließ die Gefahren manchmal übergroß erscheinen.

Von seinen Befürchtungen vor großen Konferenzen war am Anfang dieser Studie schon die Rede. Es gibt eine Fülle konkreter Beispiele: So dachte er schon 1957 mit Sorge daran, daß die NATO von 1969 an von jedem Mitgliedstaat gekündigt werden könne und beantragte bereits damals, also vor Ablauf der *halben* Vertragsdauer, eine Verlängerung um zusätzliche zehn Jahre! (übrigens vergeblich). Die mangelnde Bereitschaft der Europäer, sich endlich zusammenzuschließen, bedrückte ihn tief. Der Vertrag über die Nichtweitergabe von Atomwaffen weckte düstere Ahnungen. Die Isolierung Deutschlands war sein, wie Bismarcks, Alptraum. Und zeitweise lag der Gedanke wie ein Berg auf ihm, die Deutschen könnten sich eines Tages den Russen zuwenden, unter Lockerung der Westbindungen, oder solche Fehler machen, daß sie unter sowjetischen Einfluß gerieten.

Er empfand die Lage häufig als Bedrohung. Man hänselte ihn, daß die Situation - mal wieder - „so ernst wie nie" sei. Und Adenauer gebrauchte dieses Wort in der Tat oft. Aber immer, wenn er es sagte, empfand er so.

„Ein Staatsmann muß pessimistisch sein", meinte er, „er muß die Gefahren sehen, die überall sind." „Staatsmann der Sorge", nennt ihn Golo Mann.

Und doch war er kein reiner Pessimist! Und doch lähmten ihn die Befürchtungen nicht. Zum einen half ihm seine Aktivität, zum anderen der (oben erwähnte) optimistische Zug: die andere Hälfte der Skala. „Er hofft ja immer wieder", sagte Globke, der ihn so gut kannte einmal, fast entschuldigend. Und sowohl gegenüber Kennedy als auch gegenüber de Gaulle, der schwerblütiger war als er, äußerte Adenauer: „Wenn man keinen Optimismus mehr hat, ist alles umsonst. Daher muß man sich zum Optimismus zwingen."

Das Recht, meinte er, sei in der Geschichte auf die Dauer stärker als die Gewalt, die Freiheit mächtiger als die Unterdrückung, und letztlich siege das Gute über das Böse. Man solle auch nie denken, daß es zu spät sei. Und eines seiner schönsten Worte lautete: „Es ist immer Zeit für einen neuen Anfang."

Damit komme ich zu einer weiteren (verwandten) Doppelanlage: zu Adenauers Ernst und zu seinem Humor. Dieser reichte bis zum Schabernack. Und es war für einen alten Herrn schon ziemlich viel, einem Staatssekretär Mappe oder Schuhe zu verstecken, seiner Tochter in Cadenabbia einen Frosch ins Bett zu legen oder höchstpersönlich mit einem Esel um die Wette zu schreien.

Er stichelte gern und liebte Witze auf Kosten anderer. Aber er war seinerseits nicht überempfindlich und gegen sich selbst nicht zimperlich.

Während der mühseligen Regierungsbildung 1961 besuchte ihn eine recht kritische politische Gruppe. Gegen Ende einer kurzen Ansprache fing deren Sprecher an zu stocken: „So wünschen wir Ihnen denn Herr Bundeskanzler..." ihm gingen die Worte aus, „so wünschen wir Ihnen denn..." er stockte wieder, „..." „einen baldigen Tod", ergänzte hilfreich der Kanzler.

Zu Weihnachten 1963, wohl dem schwersten, das er nach dem Krieg erlebte, schenkte er einigen Bekannten das Karikaturbuch ‚Konrad, bleibst Du jetzt zu Haus?'.

Als sich zwei Jahre später ein Vertreter des Pen-Klubs „vom Höhenflug der Gedanken und von der Weisheit der Adenauerschen Memoiren beeindruckt" zeigte, konnte der Verfasser das Lachen nicht verbeißen: „Daß Sie meine Memoiren noch nicht gelesen haben, ahnte ich doch gleich."

Des Kanzlers Humor hing mit seinem Scharfblick zusammen. Er bemerkte am Erhabenen eben auch das klägliche Beiwerk, am Schlimmen eine harmlose Zutat; dann mußte er schmunzeln. Er konnte spitzbübisch sein; und immer wieder gelangen ihm köstliche Bemerkungen, wie die (noch im letzten Interview mit Augstein) von dem „Vögelchen, das was Menschliches an eine Fensterscheibe gemacht" hatte.

Als Gastgeber und Ehrengast war er oft bester, ja spritziger Stimmung. Er brachte es sogar fertig, die zahlreichen Veranstaltungen anläßlich seines Rücktritts zu ‚genießen'. Kein bißchen Leichenbittermiene; im Gegenteil: schlagfertig, aufgeräumt und seine Gäste ermunternd, dem berühmten Weinkeller des Bundeskanzleramtes zuzusprechen, „damit er seinem Nachfolger nicht alles hinterlassen müsse".

In den meisten Tischreden brachte er etwas Launiges, etwa in Washington im April 1961, als er – in plötzlicher Assoziation zu seinen regelmäßigen Frühjahrsbesuchen – vor reichen und mächtigen Amerikanern anhub, die erste Strophe von Schillers „Mädchen aus der Fremde" vorzutragen:
„In einem Tal bei armen Hirten" –
deklamierte er langsam, jedes Wort genießend
„erschien mit jedem jungen Jahr,
sobald die ersten Lerchen schwirrten,
ein Mädchen schön und wunderbar."

Zwar, räumte er ein, als er die erstaunten Gesichter ringsum betrachtete, sei *er* kein Mädchen „schön und wunderbar" – „aber Sie" und wie ein Habicht stieß er hernieder, laut und voller Spaß „*Sie*, meine Herren, sind auch keine armen Hirten!"

Nun möchte ich mit Anekdotischem nicht den Ernst verdecken, den anderen Teil der Anlage. Er war so offenkundig, daß ich ihn nicht lange zu schildern brauche. Er war Adenauers ‚Grundton', bestimmend während der meisten Zeit.

Ohne Ernst läßt sich nichts Bleibendes schaffen; und bei der Arbeit war Adenauer immer ernst. Die Fröhlichkeit entzündete sich an Menschen; nicht immer natürlich, nicht einmal oft. Manchmal aber stand der Schalk direkt um die Ecke. In viele seiner Reden, so ernst sie auch waren, geriet ein Streifen Amüsement, selbst in seine Abschiedsrede im Bundestag, als er (treffend und irgendwie versöhnlich) dankte: „dem Einen mehr – dem Andern natürlich weniger".

Am Vortag des letzten Weihnachten, das er erlebte, kam er auf den Plan eines Weltkongresses christlicher Parteien zu sprechen. Er, Adenauer, das sei allgemeine Ansicht, solle natürlich Präsident werden, als Ort sei an Addis Abeba gedacht, die Hauptstadt des ältesten christlichen Reiches. So schön, so gut; aber wie hoch liege es? Zweieinhalbtausend Meter, meinte ich. „Dachte ich mir" entgegnete der Kanzler, „das ist was hoch... das ist nicht gut für alte

Leute ... wegen dem Blutdruck", und die Hand zur Zimmerdecke hebend, lächelte der Neunzigjährige verschmitzt: „Wissen Sie, das ist mir viel zu dicht am Himmel."

Der Humor hat Adenauer viel geholfen. Er schützte ihn gegen den schwerblütigen Teil der eigenen Anlage und half ihm beim Umgang mit Menschen. Der Humor versöhnte, milderte das Autoritäre und schlug Brücken über die oft allzu weite Distanz. Seinen Wert für Adenauers politische Erfolge wird man kaum überschätzen können.

Am 19. Oktober 1965 hatte er als Alterspräsident die fünfte Legislaturperiode des Bundestags eröffnet und fragte, der Übung entsprechend, ob ein Älterer zugegen sei. Als sich niemand meldete, fuhr er mit hintergründigem Lächeln fort: „Meine Damen und Herren, ich stelle fest, daß ich - ganz offenbar - einzig bin."

Umgang mit Menschen

Für Adenauers Porträt habe ich bereits drei Komponenten aufgezeichnet: Die einmalige Gesundheit, die Willenskraft und die – für einen Politiker recht glückliche – Gefühlsstruktur. Ich möchte nun eine vierte Komponente hinzufügen, nämlich seine Gabe, mit Menschen umzugehen.

Talent oder Ungeschick auf diesem Gebiet entscheiden bei einem Politiker meist über Erfolg oder Scheitern. Menschen spielten in Adenauers Leben denn auch eine große Rolle, und im Gegensatz zu dem, was weithin angenommen wird, hatte er gern mit ihnen zu tun. Zwar liebte er es, täglich einige Stunden allein zu sein; das gehörte zur ‚Gesunderhaltung'; die meiste Zeit hindurch war er jedoch mit anderen zusammen. Er brauchte die Begegnung geradezu, auch die daraus resultierende Spannung. Bis in die letzten Monate seines Lebens blieb er neugierig auf Menschen und Menschenwerk.

Dies Interesse war eine gute Voraussetzung für seine Menschenkenntnis, worin etliche den Schlüssel seiner Erfolge sahen.

Adenauer beobachtete scharf. Er sah, ob die Uniformen der Bundeswehr oder des Grenzschutzes in Ordnung waren, ob richtig geflaggt war (selbst im Ausland), ob die Kleidung der Damen in den Farben harmonierte; er achtete sogar auf das Schuhwerk der Leute. Er merkte, wenn der Gärtner im großen Rhöndorfer Garten ein paar Rosen abgeschnitten hatte, und in Cadenabbia, wenn einer der Hausbewohner erst spät in der Nacht heimkehrte. Er registrierte, wer zur Begrüßung zum Flugplatz kam, wer „ins Auge schaffte" oder (wenn fotografiert wurde) „in die Linse drängte". Er behielt die

Leute im Auge, wenn sie sich unbeobachtet glaubten. Er wurde gewahr, daß Chruschtschew und Bulganin nur Wasser im (dunkelfarbigen) Glas hatten, während man ihm Wein servierte. Im Moskauer Straßenbild fiel ihm das Fehlen von Kinderwagen auf. Aufmerksam betrachtete er das Haus eines Anderen, den Stil des Haushalts, auch die Frau, die Kinder, die Mitarbeiter. Die Bibliothek de Gaulles gefiel ihm so, daß er wiederholt darauf zu sprechen kam. Er interessierte sich für Handschriften und achtete, wie er einmal sagte, besonders auf unbewußte Regungen, das Spiel der Hände usw.

„Ich betrachte gern Menschen", äußerte er wiederholt und gestand in einer der letzten Tischreden, die er als Kanzler hielt, daß es ihm Freude mache, Gesichter zu studieren. Mitarbeiter und Leute seiner Umgebung beobachtete er unablässig; und wenn er mit ihnen auch selten über sie selber sprach – gelegentlich ließ er eine Bemerkung fallen, die ins Herz traf und die mit einem Schlag enthüllte, wie tief er sie kannte. Von den wichtigsten Politikern des In- und Auslandes hatte er ein nuanciertes und durchweg sehr treffendes Bild.

Der scharfe Blick wurde durch die Gewohnheit ergänzt, Menschen und Dinge aus ziemlicher Distanz zu betrachten. Adenauer hielt Abstand. Und wenn jemand (bzw. etwas) zu nahe an ihn herangekommen war, *schob* er es gleich wieder auf gebührende Entfernung zurück. Das hatte den Vorteil, daß er ihn (es) aus der richtigen Perspektive und in den wirklichen Größenverhältnissen sah; außerdem blieben seine Gefühle – weil soviel Raum zwischen dem Gegenstand und ihnen lag – unbewegter.

Ein zweites wesentliches Element der Adenauer'schen Menschenkenntnis war die seltene Einfühlungsgabe, die der Kanzler – entgegen dem verbreiteten Bild vom starrköpfigen Alten – besaß, und die mit dem Sich-Versenken-Können verschwistert war. Wer Adenauer vor wichtigen Konferenzen erlebte, erfuhr wieder und wieder, daß er sich – fast automatisch – in die Haut des Gegners versetzte und versuchte, die Situation von dort her zu bewerten. „Man kann nur dann zu vernünftigen Schlüssen kommen, wenn man mit dem Kopf des Gegners denkt und sich fragt, wie man an dessen Stelle handeln würde", hatte er schon 1919 in seiner ersten ‚außenpolitischen' Rede erklärt. So natürlich war ihm diese Denkmethode, daß er in Verhandlungen, die nicht recht vorwärts kamen, den Gegner plötzlich aufforderte, sich doch einmal in seine, Adenauers, Lage zu versetzen; die schilderte er dann, und nicht selten fand sich so eine Lösung. Seine Erinnerungen bringen manchen Fall.

Adenauer hielt es für die Pflicht eines Politikers, sich selbst zu beobachten und zu kontrollieren. Er konnte sich distanziert, fast wie einen Fremden von außen betrachten. Ich werde das später genauer schildern, erwähne diese Fähigkeit aber schon hier, weil die Selbstkenntnis eine weitere Säule der Menschenkenntnis ist.

Etwas kursorisch behandele ich auch die vierte Säule: die Lebenserfahrung. Zwei Stürze hatten den Kanzler Extremes gelehrt. „Bittere Stunden formen den Mann", sagte er zu Strauß, als der im Winter 1962 sein Amt als Verteidigungsminister niederlegen mußte; Adenauer suchte behutsam zu trösten: „bittere Stunden formen den Mann". Wie oft mag er sich solche Worte während des Dritten Reichs selber vorgesprochen haben?!

Er hatte in jenen Jahren auch eine andere Erfahrung gemacht und für sich selbst eine Linie bezogen, die er nicht überschritt: Man solle, sagte er wiederholt, „sich selbst ständig prüfen, aber nie an sich selber zweifeln, weder am eigenen Können noch an der eigenen Bedeutung", und man solle, das war eine weitere wichtige Erfahrung, auch in der schlimmsten Lage die Selbstachtung bewahren! Er tat es – auch gegenüber den Besatzungsmächten 1918 und 1945. Viele Deutsche versuchten nach dem Zweiten Weltkrieg, sich bei den Siegern einzuschmeicheln und taten manches, um Vergünstigungen zu erlangen. Adenauer hielt sich fern und bewahrte – alliierten Zeugen zufolge – „inmitten des allgemein wenig erfreulichen Bildes eine wirklich einmalige Würde".[2]

Als Kanzler trat er Päpsten und Königen, den Präsidenten der (damals fast allmächtigen) USA und den Herren des Kreml höflich entgegen, aber ‚gleichen Fußes'. Sein Hang zu ironischen Bemerkungen machte auch vor ihnen nicht halt. Er war weder überheblich noch biederte er sich an. Er war sicher.

Je näher ihm jemand stand, um so eher erwartete er ähnliches; sonst aber hatte ihn das Leben toleranter gemacht. „Mir ist die Schwäche der menschlichen Natur bekannt", sagte er und entschuldigte schon im Juni 1945 die kleinen Nazis, gegen die er sich, weiß

Gott, anders hätte verhalten können. „Heroismus ist nicht alltäglich." Man könnte viele Sätze Adenauer'scher Weisheit zusammenstellen. „Niemand nimmt gern Abschied von seinen Träumen", kommentierte er die Haltung französischer Politiker in der Saarfrage. „Aus Verhandlungen muß auch der andere etwas nach Hause bringen..." lautete eine seiner Regeln. „Selten gibt es in der Politik das Alles oder Nichts" war eine andere, „sehr oft gibt es nur das kleinere Übel." „In einer unzureichenden Wohnung können die zehn Gebote nicht gehalten werden", sagte er zu einem angehenden Pfarrer. „Würden Sie einen Rat von mir annehmen?" hatte er Guttenberg einmal gefragt; und auf dessen erwartungsvolles Ja: „Dann nehmen Sie die Menschen, wie sie sind – *andere gibt's nicht.*"

Adenauer wußte sie so zu nehmen. Und war sein berühmtes Taktieren denn anderes als *angewandte* Menschenkenntnis?

Den Bundespräsidenten und prominente Gäste empfing und verabschiedete Adenauer am Flugplatz, bei noch so hektischer Arbeit und bei jedem Wetter.

Allen Besuchern ging er in seinem Arbeitszimmer zur Begrüßung entgegen und begleitete sie nachher zur Tür.

Er hatte eine ungezwungene Höflichkeit. Er machte es seinen Gästen, wie ich in Hunderten von Begegnungen erlebte, leicht und kam praktisch mit allen rasch in ein angeregtes Gespräch. Das Thema war auf den Gast ausgerichtet, die Form verbindlich. Adenauer konnte erheblichen Charme ausstrahlen.[3] Seine Fähigkeit, sehr aufmerksam zuzuhören, wurde allgemein gerühmt. Auch wenn er, wie meist, nur eine viertel oder halbe Stunde Zeit hatte, erschien er nie gehetzt. Es gelang ihm und dem Besucher durchweg, das Wesentliche zu sagen.

Kannte er jemanden längere Zeit und „lag" er ihm, war Adenauer offen, ernst und eindringlich; aber, wenn es anging, lachte er auch gern. „Es gab keinen charmanteren und zwangloseren Partner für eine gute Plauderei als ihn", sagte Acheson.

Knapp wurde Adenauer nur, wenn die Dinge dringlich waren; kühl, wenn der andere unpräzise blieb; scharf höchstens, wenn sein Gegenüber plump oder falsch spielte. Journalisten und Beamten, auch solchen aus anderen Nationen, fiel er ins Wort, wenn sie langatmig wurden; sie hatten es generell etwas schwerer bei ihm. Daß er allerdings, um einzuschüchtern, eine Unterhaltung ‚übelgelaunt oder barsch begonnen hätte" – wie behauptet wird – habe ich nicht erlebt.

Er gab sich um seine Gäste in jeder Hinsicht Mühe. So waren ihm 1961, vor dem Besuch Assalés, des Ministerpräsidenten von Kamerun, verschiedene Geschenkvorschläge unterbreitet worden. Adenauer hatte sich jedoch auch selbst etwas – und abseits der Routine – überlegt, nämlich eine Zeitungsdruckanlage. Damit sie uns nicht zu teuer kam, hatte sich der Kanzler bei einem großen Verlag selber danach umgetan. Der Gast war überglücklich: es war für seine Regierung die erste *eigene* Anlage dieser Art.

Im Februar 1962 besuchten Robert und Edward Kennedy die Bundesrepublik. Da zwischen Bonn und Washington einige heikle Punkte anstanden, lud Adenauer nur Robert zu dem Hauptgespräch; denn nur Robert war Mitglied der amerikanischen Regierung. Als man dem Kanzler nachher meldete, daß Edward über die Nichtteilnahme enttäuscht sei, sann Adenauer auf einen Ausgleich. Er hatte den Kennedys – und das sollte eine besondere Aufmerksamkeit sein – ein Fotoalbum für ihre Mutter mitgeben wollen, die, wie er erfahren hatte, einen Teil ihrer Jugend in einem deutschen Klosterinternat verbracht hätte. Als der Kanzler nun von der Betroffenheit des jüngeren Bruders erfuhr, übergab er das Buch nicht beiden – sondern Edward allein.

Das Zwiegespräch und die Besprechung im kleinen Kreis lagen dem Kanzler besonders; da wurde die Kunst seiner Gesprächsführung selbst von Kritikern anerkannt. Aber er war auch im größten Kreise sicher.

Berühmt für die Kunst seiner Verhandlungsführung wurde der Moskaubesuch 1955; einerseits das wiederholte harte Aufeinanderprallen mit Chruschtschew, Molotow und Bulganin, andererseits das lange Händeschütteln im überfüllten Bolschoi-Theater und schließlich die Aufnahme diplomatischer Beziehungen und die schwer erkämpfte Freigabe der deutschen Kriegsgefangenen.

Dazu und zu zahlreichen anderen Konferenzen bringen Adenauers Erinnerungen reichen Stoff. Die meisten Verhandlungen, die er geführt hat, konnte er allerdings nicht einmal erwähnen. Allein mit

Ausländern muß er Tausende von Besprechungen gehabt haben; in der Zeit, die ich erlebte: mehrere hundert jährlich.

Wer konnte wie er – etwa mit dem russischen Botschafter – lange, liebenswürdige Gespräche führen, ohne etwas preiszugeben? Wer konnte andererseits ideologischen Tiraden rasch ein Ende bereiten, wenn sie die Atmosphäre zu vergiften drohten? „Ich bekehre Sie nicht", sagte er bei solcher Gelegenheit, „und Sie bekehren mich nicht. Das wollen wir auch gar nicht erst gegenseitig versuchen."

Wenn es erforderlich war, wies er auch befreundete Besucher in die Schranken zurück, z. B. amerikanische Emissäre, die im Dezember 1960 nach Bonn kamen, um höhere Stationierungskosten auszuhandeln. Die Auffassungen der deutschen Ministerien gingen auseinander; es kam auf den Kanzler an. Der lauschte den Besuchern eine Stunde lang mit Engelsgeduld, bis sie den letzten Trumpf ausspielten, nämlich, daß die USA, falls wir die Zahlungen nicht wesentlich erhöhten, eventuell Truppen abziehen müßten. „Sagen Sie diesen Satz", unterbrach sie da der Kanzler zum erstenmal klar und fest, „außerhalb dieses Raumes nie mehr!" – und fegte mit diesem einen Wort die zu weitgehenden Forderungen vom Tisch.

Die genaue und rasche Einstellung auf das Gegenüber ist eine wesentliche Gabe. Mit Kennedy traf der Kanzler zum erstenmal im April 1961 zusammen. Sie hatten aber keine sehr ausführlichen Besprechungen, kamen vielmehr stillschweigend überein, sich mit gegenseitigem ‚Abtasten' zu begnügen. Adenauers Reise war ohnehin auf die Begegnung mit breiteren Bevölkerungsschichten angelegt; unter anderem besuchte er damals Texas. Im November 1961, also ein halbes Jahr später, flog der Kanzler erneut in die Vereinigten Staaten. Inzwischen hatte Kennedy sich in sein Amt eingearbeitet, und diesmal führten die beiden eingehende Gespräche. Adenauer bemühte sich sehr; und es war einfach meisterhaft, wie er Ratschläge gab (über die Einstellung zur Sowjetunion, über Amerikas Rolle im Bündnis und über die Kunst zu regieren), ohne daß sie als solche erkennbar waren; wie er mit Respekt, Wärme und Weisheit ein gutes Verhältnis zu dem suchte, der nur halb so alt war wie er, aber der Präsident der mächtigsten Nation. Kennedy spürte das, erkannte es auch an und sagte öffentlich, daß es das beste Gespräch gewesen sei, das er seit seinem Amtsantritt mit einem Nicht-Amerikaner geführt habe.

Freundschaften

Adenauer schloß sich nicht leicht an jemanden an. Distanz – ich erwähnte es schon – war ein wesentlicher Zug. Er hatte jedoch, im Gegensatz zur landläufigen Meinung, immer Freunde im weiteren und einige auch im engeren Sinn.

Wann immer er nach München kam, besuchte er einen der wenigen noch lebenden Klassenkameraden. Keine Amerikareise verging, ohne daß er Dannie Heinemann aufsuchte, mit dem er schon vor dem Ersten Weltkrieg befreundet war, und der ihm von 1933–1936, als Adenauer finanziell in großer Not war, mit beträchtlichen Summen geholfen hatte. Es ist überhaupt bemerkenswert, in welchem Umfang Adenauer während des Dritten Reiches Unterstützung erfahren hatte: etwa vom Schweizer Generalkonsul von Weiss, von Pferdmenges, von Abt Herwegen, der ihm in Maria Laach zweimal Asyl bot, von Major Schliebusch, der ihm 1944 bei der Flucht half, von Giesen, der die Familie mit Lebensmitteln unterstützte, bis zu dem Kaderpolizisten Zander, der ihn im Gestapolager wahrscheinlich vor dem Tod bewahrte; so wie Adenauer seinerseits einiges riskierte, als er gegen Kriegsende französische Gefangene bei sich verbarg.

In der Zeit als Bundeskanzler erwuchsen die menschlichen Bindungen natürlich vorwiegend aus der Politik. Dabei ist es beachtlich, mit wie vielen Männern er freundschaftliche, zumindest freundliche Beziehungen knüpfte. (Um nur Ausländer zu nennen): mit Acheson, der als erster Außenminister nach Bonn kam; mit Robert Schuman, dem Adenauers erster Auslandsbesuch galt; den anderen Europäern der ersten Stunde: Bech, Stikker, Spaak, Monnet; mit Churchill, Eden, McMillan, Heath – mit jedem wird ein Stück Geschichte lebendig – mit Gaillard, Couve de Murville, Pompidou; Sforza, Segni, Moro, van Zeeland, Werner; Ben Gurion, Goldmann, Lange, Pearson, Ayub Khan und Yoshida; mit so verschiedenartigen Amerikanern wie Clay, McCloy, Meany, Hoover, Eisenhower, Kennedy, Johnson, Nixon; mit Pius XII und vor allem mit de Gaulle und Dulles.

Man könnte sagen, Adenauer habe Glück gehabt, daß er auf soviel bedeutende und kooperationsbereite Partner stieß. Aber wer die Welt kennt, weiß, daß es eigener Aufgeschlossenheit bedarf und erheblichen Bemühens, um derlei Begegnungen fruchtbar zu machen. Adenauer pflegte sie. Er schrieb zum Jahreswechsel, zu

Erfolgen und in schweren Stunden; auch nur, um zu informieren. Es wird nicht viele Staatsmänner geben, die einen so regen Briefwechsel unterhielten wie er. Mit Sorgfalt kümmerte er sich um Aufmerksamkeiten. Er legte Wert auf regelmäßige Treffen. Und für ein Gespräch mit alten Freunden, „auch wenn sie keine Machtposition mehr hatten, fand er immer Zeit" (Acheson).

„Um Achtung zu erwerben", bemerkte Adenauer einmal, „muß man ein beständiger, zuverlässiger Partner sein." „Um Freund zu sein, muß man in den politischen Grundlinien und der ethischen Überzeugung übereinstimmen, offen und wahrhaftig sein – und nicht enttäuschen!" Enttäuschungen kamen freilich vor. Auch Adenauer hat enttäuscht. Aber er mühte sich im allgemeinen um baldige Heilung. „Bei einer Krise unter Freunden", lautete eine seiner schönen Regeln, „ist es nutzlos, nach dem Schuldigen zu suchen; das einzige ist, die Sache wieder in Ordnung zu kriegen!"

Auch wenn die obengenannten Freundschaften in der Politik ihre Wurzel hatten, so haben sie Adenauer doch auch persönlich viel gegeben und unserem Volke sehr genutzt. Ohne den Respekt und die Sympathie, die der Kanzler bei amerikanischen Staatsmännern errang, wären sie nicht bereit gewesen, uns soviel Freiheit und Sicherheit zu gewähren. Ohne das Vertrauen westlicher Politiker, voran der französischen und der jüdischen, das Adenauer persönlich erwarb, wären wir nicht so rasch und vorbehaltlos in die Völkergemeinschaft wieder aufgenommen worden.

„Ein Vertrauensverhältnis zwischen Staatsmännern verschiedener Länder", schrieb der Kanzler selbst, „ist für die Lösung politischer Fragen von größter Bedeutung."[4])

Adenauer beurteilte die Menschen nicht nach Kategorien. Er betrachtete und behandelte jeden als Individuum, und zwar sehr nuancenreich. Natürlich – und den Gegebenheiten entsprechend – gab es auch einige Generalia und sein Verhalten gegenüber Politikern unterschied sich von dem gegenüber Wirtschaftsführern oder Journalisten.

Für letztere war Adenauer, wie von Hase 1963 erklärte, „der aufgeschlossenste Regierungschef seiner Zeit". Die berühmten Teegespräche füllen drei Bände zu je 500 bis 800 Seiten; und diese

Teegespräche waren nur ein winziger, wenn auch wichtiger Bruchteil seiner Unterredungen mit in- und ausländischen Journalisten. Die Zahl seiner Pressekonferenzen, Interviews und Gespräche mit Publizisten muß hoch in die Tausende gehen.

Dabei biedert sich Adenauer nicht an, aber er hatte – bei aller Spannung und gelegentlichen Animositäten – im allgemeinen gern mit Journalisten zu tun. Sie und die Politiker hatten ähnliche Interessen; und Adenauer liebte ja zu fechten, Florett und Säbel, auszuweichen, zu parieren und zuzustoßen. In einer Demokratie waren Journalisten unentbehrliche Multiplikatoren; und nicht selten machte der Kanzler über sie große Politik.

Es wäre reizvoll, dem näher nachzugehen, und ich hoffe, daß das auch einmal erfolgt. Hier aber will ich, um das Porträt straff zu halten, auf Beispiele verzichten und will mich auch bei der Schilderung von Adenauers Verhältnis zu seinen Mitarbeitern auf einige Hauptzüge beschränken.

Grob gesehen kann man drei Kreise von Mitarbeitern unterscheiden. Den äußeren und ranghöchsten bildeten die Kabinettsmitglieder und Spitzenpolitiker seiner Fraktion. Zum mittleren Kreis gehörten die Angehörigen des Kanzleramts sowie einige führende Beamte des Presse- und des Auswärtigen Amtes. Die engsten Mitarbeiter schließlich waren die wenigen Damen und Herren des Kanzleramts, die Adenauer täglich sahen.

Über einen längeren Zeitraum hin betrachtet, war der einflußreichste aller drei Kreise – und er wäre auch allen drei Kreisen zuzurechnen – Staatssekretär Globke: der wichtigste Gehilfe des Kanzlers. Auch andere, namentlich aus dem äußeren Kreis, hatten maßgeblichen Anteil an Adenauers Erfolgen, zum Teil über lange Zeit. Das Augenmerk soll aber auf den Kanzler gerichtet bleiben, und zwar an dieser Stelle: auf seinen Umgang mit dem engsten Kreis.

Adenauer soll schon in seiner Kölner Zeit in bezug auf seine Mitarbeiter „von den Grenzen menschlicher Leistungskraft keine rechte Vorstellung gehabt haben". Im Bundeskanzleramt war es nicht besser. Präzise und rasche Arbeit waren Voraussetzung, ständige Überstunden selbstverständlich. Die Fülle an Informationen und Anregungen, die aus dem In- und Ausland hereinströmte, mußte verarbeitet und auf das Interesse des Kanzlers hin kondensiert werden. Seine Pläne und Beschlüsse, auch seine Reisen und Reden mußten vorbereitet, seine Entscheidungen durchgeführt bzw. ihre Erledigung überwacht werden.[5]

Da der Kanzler nur einen kleinen Stab um sich haben wollte, verlangte er von denen, die dazugehörten, schonungslosen Einsatz. Wenige hielten es sehr lange aus.

Bevor ich in seine Nähe kam, hatte ich damit gerechnet, daß er – in der ständigen Hektik und unter dem Druck der ungeheuren Verantwortung – gelegentlich ‚explodieren würde'... gegen Schuldige und Unschuldige. Es kam hin und wieder auch vor; im allgemeinen war Adenauer jedoch sehr beherrscht. Er hatte zwar Stimmungen und Launen, ließ sie aber auch die Vertrauteren verhältnismäßig wenig spüren und wurde fast nie laut oder ausfallend. Er nörgelte öfter über Abwesende; das war jedoch keine Hinterhältigkeit, sondern eine Art ‚Dampfablassen', sozusagen ein Stöhnen unter der unsäglichen Last. Unzufriedenheit und Verärgerung verflüchtigten sich so auf unschädliche Weise; und der Dritte, der davon dann irgendwie erfuhr, wurde indirekt korrigiert. Wenn Adenauer ernste Vorwürfe zu machen hatte, sagte er sie dem Betreffenden ohne besondere Härte, aber auch ohne Milde ins Gesicht.

Er gab knappe, klare Weisungen, im Ton ruhig, fast beiläufig. Auch im engsten Kreis arbeitete er mit „weichem Handschuh". Das genügte; denn alle wußten, daß in dem Handschuh eine energische Hand steckte. Als sich seine Sekretärinnen, die sich durch Fleiß, Frische und Freundlichkeit auszeichneten, beim Stadtbummel in New York einmal verspätet hatten, wartete der Bundeskanzler schon. „Sie brauchen sich an mir nicht zu stören", sagte er nur; aber er sagte es so, daß die Damen in Zukunft immer vorzeitig da waren.

Auf die Empfindlichkeiten seiner Mitarbeiter konnte er im großen und ganzen wenig Rücksicht nehmen. Es hätte zuviel Zeit und Kraft gekostet. Sie waren für ihn in erster Linie eine Art zusätzliche Augen, Ohren, Mund und Hände; und sich selbst schonte er ja noch weniger. Er wußte anzutreiben. Als ‚Menschenverschleißer' konnten ihn jedoch nur die empfinden, die mit seiner Art zu arbeiten, absolut nicht harmonierten. Er kommandierte nicht, wie be-

„Männer der ersten Stunde": Bundespräsident Theodor Heuss und Bundeskanzler Konrad Adenauer während eines Staatsempfangs.

Konrad Adenauer vor dem National Press Club der USA, 1961 (Foto oben); an seinem Schreibtisch im Bundeskanzleramt, 1960 (Foto unten).

Konrad Adenauer beim Abschreiten der Ehrenhundertschaft am Tage der Entlassung, 15. Okt. 1963 (Foto oben);
mit Verteidigungsminister Franz Josef Strauß und Generalen der Bundeswehr (Foto unten).

Auf einem der Abschiedsempfänge im Oktober 1963.

hauptet wurde, „nur um die Genugtuung zu haben, seinen Willen befolgt zu sehen". Es ging ihm um große Dinge, und die Mitarbeiter wußten das.

Der Kanzler hatte eine suggestive Kraft, andere dazu zu bringen, das Letzte aus sich herauszuholen. Dabei spielten sein unvergleichliches Können, namentlich aber sein Vorbild eine wichtige Rolle: Wieviel er von seinen Mitarbeitern auch forderte, von sich selbst verlangte er mehr. Wenn für sie ein ehernes Gesetz gilt – dann für ihn ein noch härteres. Er meinte, zunächst und vor allen selbst verantwortlich zu sein.

Er war sparsam mit Lob und Anerkennung. Manchmal aber dankte er ausdrücklich, etwa für einen guten Rat, für die Erledigung eines schwierigen Auftrags oder auch „für Ihre Verschwiegenheit". Er erkundigte sich nach der Familie, „ob zu Hause alles in Ordnung sei; das sei wichtig ... auch für die Arbeit". Zu Weihnachten beschenkte er seine Mitarbeiter – der engste Kreis war für ihn eine Art ‚Vorfamilie' – und für das Geschenk, das er von ihnen gemeinsam erhalten hatte, dankte er jedem einzelnen schriftlich.

Auch er gab den ‚unartigen Kindern' gelegentlich mehr als den artigen; größeren Einfluß bekamen sie allerdings nicht. Die Verläßlichen, der Sache Hingegebenen, die, von denen er am meisten verlangte, standen ihm am nächsten.

Es dauerte lange, bis er jemanden „akzeptierte". Man war eigentlich immer auf Probe; und Adenauers Urteil schwankte geraume Zeit zwischen Anerkennung und Kritik. Im Laufe der Zusammenarbeit wurde die Schwankungsbreite schmaler; aber ganz zur Ruhe kam der Zeiger nie, selbst bei Globke nicht.

Trotz dieses Pendelns fühlte sich der Kanzler zu seinen Mitstreitern jedoch in einem gewissen Treueverhältnis; bei Erprobung konnte es fest werden; daß er so unbeirrt zu diesem Staatssekretär stand, wurde ihm ja sogar vorgeworfen.

Unterwürfigkeit schätzte Adenauer nicht; Beflissenheit und Schmeichelei machten ihn mißtrauisch. Wer Angst vor ihm hatte, war nicht der rechte.

Im Gegensatz zu Klischee-Vorstellungen konnte man ihm ruhig widersprechen, wenn man brauchbare Argumente hatte. Man konnte sich sogar im Ton vergreifen, wenn es unter vier Augen geschah, und wenn Adenauer merkte, daß es dem anderen um die

Sache ging. Wenn man ungebetene Vorschläge machte, mußte man damit rechnen, daß der Kanzler zunächst widersprach, abwies oder einem mit Gegenargumenten hart zu Leibe rückte. Aber man konnte und sollte sich ruhig melden, wenn man gute Gründe hatte. Wer sich, der Sache wegen, Adenauers Unmut aussetzte, erwarb langsam seinen Respekt.

„Antippen", kurzer Vortrag oder knappe schriftliche Vorlage waren die geeignetsten Methoden. Langatmigkeit war dem Kanzler ein Greuel. Wer sich nicht kurz fassen konnte, hatte selbst mit guten Ideen wenig Chancen.

Wie immer die Vorschläge aber auch an ihn herankamen, waren sie klug, dann ‚sickerten sie ein'; und ein oder mehrere Tage später *handelte* Adenauer entsprechend – meist ohne die früheren Vorschläge zu erwähnen.

Sann Adenauer über ein bestimmten Problem nach, forderte er wohl den einen oder anderen Mitarbeiter auf, sich darüber „Gedanken zu machen". Mit anderen – dafür kam ein größerer Kreis in Betracht – diskutierte er wiederholt und lange. Am häufigsten freilich „klopfte" er Politiker und Journalisten, aber auch Leute aus anderen Berufen quasi ‚im Vorbeigehen' auf Teilsapekte „ab". Mancher Entschluß wuchs ihm so ‚im Deliberieren' zu.

Im allgemeinen zog Adenauer gute und sehr gute Leute an sich. Da er seiner Überlegenheit sicher war, fürchtete er keinen zu begabten Mann. Hin und wieder duldete er jedoch auch weniger erfreuliche Leute um sich, und es unterliefen ihm Fehlbesetzungen. Das lag zum Teil an einem (mäßigen) blinden Fleck in seinem Auge, vorwiegend aber daran, daß er Empfehlungen einfach gefolgt war und sich nicht die Zeit genommen hatte, selbst hinzuschauen. Menschen manchmal zu leicht zu nehmen, war einer seiner Fehler. Sie zeitweilig geringschätzig zu behandeln, galt als ein weiterer.

„Ich bin der Herr, Dein Gott", hieß es, sei das oberste Gesetz gewesen. „Du sollst keine fremden Götter neben mir haben!" Adenauer verlangte absolute Loyalität, sei seinerseits aber nur bedingt loyal. Einer, der lange in Adenauers Nähe gearbeitet hatte, riet Neulingen, mit Äußerungen auf der Hut zu sein. Der Kanzler werde davon Gebrauch machen und sie ‚in die Pfanne hauen', wann immer es ihm nütze, ja aus purer Bosheit. Und manche harmlose Indiskretion genoß er in der Tat. Es sollen auch ernste Fälle vorgekommen sein – ich habe sie allerdings nicht erlebt.

Man kolportierte, daß Adenauer seine ‚Günstlinge' gegeneinander ausgespielt habe. Aber diejenigen, die man damit gemeint haben könnte, wiesen das, wie bei Prittie nachzulesen ist, als falsch, keinerlei Kenntnis der Dinge verratend, zurück. Natürlich gab es gelegentlich Eifersüchteleien, und der Kanzler hatte nichts dagegen, wenn sich die Mitarbeiter untereinander anstachelten. Aber er suchte nicht, dieses Spiel durch wechselnde Gunstbeweise zu beleben. Er setzte auch nicht (zwecks gegenseitiger Kontrolle) zwei Leute auf ähnliche Aufgaben an. Im inneren Stab sollte Vertrauen herrschen. Die Kräfte eines Jeden sollten ungeteilt der Sache dienen. Und da das so war, herrschte im engsten Kreis durchweg ein gutes Verhältnis, ja zwischen einigen ein Zusammengehörigkeitsgefühl, wie man es selten findet.

Man sagte, daß Adenauer andere mittels ihrer dunklen Punkte zu erpressen oder sie mit Versprechungen zu korrumpieren versucht habe. Zynisch habe er Mitarbeiter fallen lassen; von grobem Undank war die Rede, ja von Perfidie.[6]) Auch das ist vorgekommen, namentlich gegenüber solchen aus dem ersten Kreis – meines Wissens freilich seltener, als man berichtete.

Adenauer war sehr darauf bedacht, ‚Herr im Haus' zu sein, ja, ihn manchmal ‚herauszubeißen'. Er war ein eifersüchtiger Mann und konnte schon darauf neidisch sein, daß ein anderer besser informiert war als er. Es reizte ihn zuweilen, Zwietracht zu säen. Seine Zunge neigte zu Boshaftigkeit. Es machte ihm Spaß, andere „auf die Palme zu bringen". Mitunter schien er geradezu jemanden zu brauchen, an dem er „sein Mütchen kühlen konnte". Geringer taktischer Vorteile wegen verletzte und demütigte er.

Gegenüber Leuten entschiedeneren Charakters war er vorsichtiger, und die Fleißigen, der Sache Hingegebenen kränkte er selten. Aber auch da kam es vor, daß er scharf zuschlug. Er war sich über das Unschöne und Unkluge durchaus im klaren; er versuchte auch gutzumachen (selten ausdrücklich, eher durch eine Geste) – aber die Schläge hatten gesessen, und bei den Empfindlichen verheilten sie nicht leicht.

Von dem Kanzler ging starke Ausstrahlung aus. Die imponierende Energie, die überlegene Intelligenz, die „großartige Konsequenz" (Golo Mann) seiner Politik schufen nach dem Zeugnis führender Männer ‚hohes spezifisches Gewicht', einen mächtigen Pol.

Aber Adenauer konnte Menschen nicht nur anziehen, sondern auch zurückstoßen, mit Heftigkeit bisweilen. Konkurrenten und präsumptiven Nachfolgern gegenüber war er hart. Sobald sich eine Gelegenheit bot, „gab er ihnen eins drauf". Wie immer man seine Einstellung zu Erhard beurteilen mag: die Form war ungut. Als sich die Sympathien mehr und mehr Erhard zuwandten, wurde Adenauer in den Mitteln wenig wählerisch; dabei verlor er an Souveränität.

Viele, darunter Erhard, behaupten, Adenauer sei ein Menschenverächter gewesen. War er es?

Es hätte nicht wundern können – wenn man bedenkt, was er während des Dritten Reichs erleben mußte. Wenn man die Entlassung von 1945 hinzunimmt: „Als ich Köln verließ, sagte mir niemand Lebewohl" (I S. 38). Und das dritte ‚Hosianna und Kreuziget ihn' dann nach der Wahl von 1961. Viele weideten sich daran, daß er endlich „heruntermußte". Wer im Sommer 1963 in Bonner Gesellschaften noch *für* Adenauer sprach, war bald allein. Diejenigen aus den führenden Kreisen – und der Vergleich drängte sich 1967 auf, als sich Tausende jener Kreise darum rissen, beim Requiem im Kölner Dom dabei zu sein! – diejenigen, die 1963 noch zu Adenauer hielten... hätten in der kleinen Pfarrkirche von Rhöndorf Platz gehabt.

Auf eine Frage, ob er, um den sich so viele nur gedrängt hätten, um etwas zu werden oder zu kriegen, nicht zum Menschenverächter hätte werden *müssen,* entgegnete Adenauer, daß „er den Ausdruck Menschenverächter nicht gebrauchen würde".

Von de Gaulle heißt es, er habe die Franzosen verachtet und Frankreich geliebt. Selbst wenn diese Behauptung stimmen sollte, ließe sie sich auf Adenauer nicht übertragen. Er unterschied nicht in dieser Art zwischen Deutschland und den Deutschen. Er urteilte genauer und individueller.

Er gab zu, „die Schwächen anderer Leute ins Kalkül zu ziehen"; er betrachtete die Menschen illusionslos... ‚steinalt' insoweit. Sein Scharfblick war gefürchtet, das gelegentliche Zupacken. Aber

Adenauer hat niemanden gebrochen oder mit langem Haß verfolgt. Nicht nur Diktatoren, sondern auch demokratische Politiker sind mit Menschen schlimmer umgesprungen.

Er hat einzelne verachtet, vielleicht viele einzelne – das Volk, die Menschen aber nicht. Er plagte sich ja dafür; die gewaltige Anstrengung galt ja dem Ganzen. Für Abermillionen hat er nur Gutes bewirkt.

Man kann nicht einmal sagen, daß seine Menschenliebe zu gering gewesen sei – auch wenn es häufig so schien. Zwar waren ihm eine Reihe von Leuten gleichgültig; aber selbst bei denen, die ihm unangenehm waren, sah er die besseren Züge durchaus, und bei der Summe der Menschen überwog in seinen Augen das Positive. „Ich glaube an das Gute im Menschen", hatte er zu Hausenstein gesagt. Den Wert, den er in sich so deutlich spürte, billigte er (generell) auch anderen zu. Seine Einstellung zu den Menschen bestimmte sich nicht nur danach, wie sie waren, sondern – vom Religiösen her – ein wenig auch danach, wie sie sein sollten.

Die Urteile über ihn differieren deshalb so, weil sein Verhalten wechselte, weil er sich nicht nur im ‚anständigen' Feld bewegte, sondern auch in der Nähe des Unerfreulichen, und weil er diese Grenze bisweilen überschritt.

Das soll nicht verniedlicht werden. Aber das äußere Benehmen entspricht ja oft nicht der wirklichen Einstellung. Der Freundliche ist nicht unbedingt der Beste. Wir müssen vielmehr lernen, auf das Handeln der Menschen zu achten und sie an ihren Früchten zu erkennen. Solange viele von uns nur nach dem Äußeren oder gar dem Schöntun urteilen, solange wird es nicht wirklich besser werden. Es ist uns Menschen *nicht erlassen,* gerade bei den führenden Persönlichkeiten durch Worte und Schein *hindurch-* und auf den Kern *hin*zuschauen!

So kalt, zynisch, ja böswillig Adenauer in manchen Augenblicken war – meist entschied er sich letztlich für das Bessere. Wenn es darauf ankam, wenn es ernst wurde, das war mein Eindruck auf Grund sehr vieler Einzelfälle, *handelte* er gut.

Der ‚anständige' Adenauer – das ist eine weitere bemerkenswerte Doppelanlage – war stärker als der ‚bedenkenlose'.

Adenauer war im Umgang mit Menschen geschickt. Wäre er auf diesem Gebiet noch begabter gewesen oder hätte er sich mehr Mühe gegeben, hätte er letztlich noch mehr vollbracht. Jedenfalls wurden die Fehler, die er bei der Menschenbehandlung beging, ausschlaggebend für seinen Sturz.

Geht man den Gründen nach, stößt man zunächst auf die Tatsache, daß Adenauer im September 1961 nicht mehr die absolute Mehrheit errang. Dafür wiederum war der 13. August ursächlich, der Bau der Mauer in Berlin oder genauer: der Umstand, daß Adenauer nicht sofort nach Berlin flog. Dafür hinwieder gab es verschiedene Gründe. Man kann anführen, daß der Kanzler erst am Vortage aus Cadenabbia zurückgekommen war, und daß er nach dem Urlaub immer ein paar Tage brauchte, um sich wieder ‚einzustimmen'. Man kann auch vorbringen, daß er sich ganz auf den Wahlkampf ‚programmiert' hatte, den er am 14. August beginnen und hoch gewinnen wollte – und den er gegen den Regierenden Bürgermeister von Berlin führen mußte... an dessen Seite er naturgemäß zu Beginn des Wahlkampfs nicht gern erschien. Adenauer selbst sagte, daß es erste staatsmännische Pflicht sei, nichts zu tun, wodurch ein Funke ins Pulverfaß hätte springen können. Aber aus dieser sehr richtigen Erkenntnis zog er den falschen Schluß. Der Flug nach Berlin hätte ja keine Unruhe zu bringen brauchen. Bei aller Festigkeit und Deutlichkeit hätte der Kanzler zur Besonnenheit mahnen können. Er hatte ja glücklicherweise nichts von einem Demagogen an sich. Er hätte ähnliches sagen können, wie ein paar Tage später, am 18. August im Bundestag; aber er hätte es angesichts der Mauer sagen müssen, mitten unter den Berlinern. Auch der Politiker muß an den Brennpunkt des Geschehens.

An den Fakten hätte er kaum etwas ändern können; aber er gehörte an die Seite derer, die verzweifelt darüber waren, ohnmächtig zusehen zu müssen, wie unseren Landsleuten die letzte Hoffnung auf Freiheit brutal zerschlagen wurde. Die Erschütterung und Erbitterung, die deshalb die Deutschen im freien Teil unseres Vaterlands ergriff, hat Adenauer sowohl in der Gewalt wie in der Wirkung unterschätzt. Da auch unsere Verbündeten, die für Berlin direkt verantwortlich waren, außer späten und lahmen Protesten zunächst nichts unternahmen, wandte sich die Empörung langsam gegen sie und gegen die eigene Führung, vor allem gegen Adenauer.

Vor dem 13. August hatten eigentlich alle angenommen, daß Adenauer die absolute Mehrheit wieder erringen würde, und zwar noch überzeugender als 1957. Dadurch aber, daß er „nicht stehenden Fußes nach Berlin geeilt war", drehte sich das Bild völlig. Es kam „zum stärksten Klimasturz in der Demoskopie" (Noelle-Neumann).

Adenauer versuchte das Verlorene durch doppelten Einsatz im Wahlkampf gutzumachen. Er holte auch wieder auf. Aber es reichte nicht: am 17. September erhielt die Union nur 45,4 % der Wählerstimmen, und unmittelbar danach setzten die Versuche ein, Adenauer nicht mehr oder höchstens noch ein oder zwei Jahre lang regieren zu lassen. Obwohl Adenauer sicherlich so wachsam, klug und leistungsfähig war wie zuvor, wurde sein hohes Alter nun entschieden gegen ihn ins Feld geführt. Großenteils war das mehr Vorwand; Hauptgrund war, daß einige der möglichen Kanzlerkandidaten endlich selbst an die Macht wollten. Es gelang nicht sofort. Es bedurfte einer weiteren Krise, um Adenauer endgültig zum Rücktritt zu zwingen. Aber daß es dann dazu kam, hatte nichts mehr mit dem Ehrgeiz einiger Spitzenpolitiker zu tun, sondern auch damit, daß der Kanzler sich Feinde gemacht und in seiner Fraktion nicht mehr genug Anhänger hatte. Trotz eines generellen Geschicks, mit Menschen umzugehen, hatte er etliche zu wenig beachtet, hatte verletzt und auch solche nicht geschont, die guten Willens waren. Jetzt wollten es ihm einige heimzahlen. Obwohl sie wußten, daß er noch immer der Beste war, wollten sie ihm nicht mehr folgen. Sie waren ihn leid. Auch der kleinste Fehler wurde ihm nun mächtig angekreidet, jedes Wort auf die Goldwaage gelegt. Die Erfolge wurden nun anderen zugeschrieben. Adenauer sollte weg!

War das Verkennen der leidenschaftlichen Gefühle vieler Deutscher nach dem 13. August 1961 eine Ursache für Adenauers Sturz, so waren kleine, aber langjährige Fehler beim Umgang mit führenden Männern seiner Partei die zweite hintergründigere Ursache.

Intelligenz

Scherzend bedauerte Adenauer wiederholt, daß der liebe Gott zwar der Klugheit Grenzen gesetzt habe, der Dummheit aber nicht; bei der Erschaffung der Vernunft habe er die Geduld verloren. Das Gehirn, bemerkte er ein andermal, sei ein unvollkommeneres Instrument als der Magen; denn im Gegensatz zu diesem nähme es alles auf, bewahre es und werde dann nicht damit fertig. „Wären die Menschen dümmer", sinnierte er, „ließen sie sich leichter regieren; wären sie klüger, könnte man vernünftiger mit ihnen reden."

Ernsthaft angesprochen war er freilich optimistischer und hielt „Klugheit durch Üben in Grenzen für entwickelbar".

Die Intelligenz besteht aus einem Bündel zusammengehöriger, aber unterscheidbarer Gaben. So sehr sie verdienten, genauer geschildert zu werden, werde ich, um das Bild übersichtlich zu halten, die meisten nur knapp skizzieren.

Adenauer war sehr aufnahmebereit, neugierig, ja nachrichtenhungrig. Sein Sohn Paul hält diese Empfänglichkeit, die nahezu unbegrenzte Aufgeschlossenheit für Menschen und Dinge für die eindrucksvollste Eigenschaft seines Vaters. Und Strauß hatte recht mit der Bemerkung, daß Adenauer bis zum letzten Tag seines Lebens lernen werde.

Der Kanzler hatte den Brockhaus und den Ploetz gern zur Hand. Er forderte von sich und anderen exaktes Wissen und suchte immer, an Originalmaterial heranzukommen.

Auf vielen Gebieten hatte er beträchtliche Kenntnisse, besonders natürlich auf dem politischen. Die Deutschland- und Berlinfrage galt als ein besonders schwieriges Gebiet. Auch ein erfahrener Mann benötigte mindestens ein Jahr, um sich darin einigermaßen zurecht zu finden. Lückenloses Wissen (bis ins Detail) hatten selten mehr als ein paar Dutzend Menschen. Und wenn einer zwei Jahre lang andere Dinge bearbeiten mußte, war er schon ‚heraus' und brauchte wieder einige Wochen, wenn er nachholen wollte. Adenauer hatte auf diesem Gebiet das für seine Entscheidungen notwendige Wissen im selben Maße wie die Spezialisten.

Daneben war er mit Europa-, Bündnis- und Ost-West-Fragen ähnlich gut vertraut. Er wußte auch in der Verteidigungspolitik Bescheid – und kannte die führenden Politiker vieler Länder sowie ihren Einfluß.

Dieses frappierende, gewaltige Wissen ist nur dadurch zu erklären, daß Adenauer von Anfang an alles intensiv miterlebt und sich dauernd damit beschäftigt hatte. Wie ein Baum sein Blattwerk auch in trockenen Zeiten mit geringem Aufwand grün zu halten vermag, wenn seine Wurzeln ungestört bleiben, so gelang es dem Kanzler, den ungeheuren Wissensstand – solange er regierte – lebendig und verfügbar zu halten.

Adenauer hielt Erfahrung für „ebenso wichtig wie Klugheit"; „in der Außenpolitik einfach für entscheidend"; sie gehörte zum „Kernwissen".

Wer kein Gedächtnis habe, äußerte er verschiedentlich, solle die Hände von der Politik lassen. Das seinige war gut für Fakten und Erlebnisse, vorzüglich für Personen. Oft überraschte er Mitarbeiter oder Dolmetscher durch Erwähnen von Details, die sie längst vergessen hatten.

Als ihm in Cadenabbia gemeldet wurde, Gerstenmaier wolle seine Parteitagsrede 1961 unter das Motto stellen: „Was ist des Deutschen Vaterland?" rezitierte Adenauer impulsiv das Gedicht bis hin zur letzten Zeile.

Er kannte viele Gedichte auswendig und lange Passagen aus Dramen. Er übte sein Gedächtnis auch.

Bei Besprechungen erlebten es Freunde und Gegner immer wieder, daß der Kanzler, ohne sich Notizen gemacht zu haben, auf lange Ausführungen anderer antwortete, Punkt für Punkt. Seine Umgebung *baute* auf sein treffliches Gedächtnis.

Nach seinem Rücktritt, als Adenauer nicht mehr in der täglichen Forderung stand, alterte sein Gedächtnis allerdings. Die jüngsten Geschehnisse hafteten nicht mehr so gut; die Erinnerung ging mehr in die Ferne.

Eine lebhafte Phantasie bescheinigten ihm selbst entschiedene Gegner. Sie war zwar nicht funkelnd wie die eines genialischen Künstlers, sondern nüchterner und sachbezogen; aber sie war höchst lebendig, kühn und – im Politischen – schöpferisch.

Manche Menschen müssen spazierengehen, sich unterhalten oder Selbstgespräche führen, um ihre Gedanken in Schwung zu bringen. Adenauer brauchte das nicht. Er nutzte jede Minute: im Auto, während des Essens, ja noch, wenn er ruhte. Da verglich er, verwarf, kombinierte und setzte wieder von einer anderen Richtung her an. Er überschüttete nicht nur andere mit Gedanken und Plänen; noch ärger bestürmten sie ihn selbst und bedrängten seinen Schlaf. Die rastlose Tätigkeit und die Produktivität seines Geistes waren für das Gelingen seines Werkes wesentlich.

Der Öffentlichkeit sind einige Fragenkataloge bekannt geworden, die Adenauer an Sonntagen oder im Urlaub herunterdiktierte und die seine Mitarbeiter beantworten mußten. Dabei waren die schriftlichen Fragen natürlich nur ein Bruchteil derer, die er mündlich stellte. Eine seiner gefürchteten Fähigkeiten bestand darin, in wenigen Minuten mehr fragen bzw. mehr Aufträge erteilen zu können, als seine Mitarbeiter (bei größtem Eifer) in Stunden, manchmal in Tagen beantworten bzw. erledigen konnten.

So unbeirrbar Adenauer auf Seiten des Westens stand, sein nimmermüder Geist suchte immer wieder nach Möglichkeiten, wie er in der Deutschlandfrage voran und mit der Sowjetunion zurechtkommen konnte. Lange bestand ein Hauptvorwurf seiner Kritiker darin, daß er in der Ostpolitik ganz unbeweglich gewesen sei. Seit sein Vorschlag eines „Österreich-Status" für die DDR bekanntgeworden ist, vor allem dann sein Burgfriedensplan, die Globke-Pläne, die Vorschläge für ein Stillhalte-Abkommen und seine Initiative bei den Weizenlieferungen 1963[7]), ist diese Kritik verstummt. Und wer weiß, ob Adenauer an der einen oder anderen Stelle nicht vorangekommen wäre, wenn er nicht seit 1961 „Kanzler auf Abruf" gewesen wäre?

Auf anderen Gebieten der Außen- und Innenpolitik trug seine schöpferische Phantasie Wesentliches ein, und das zusammenzustellen, wäre eine eigene Untersuchung wert.

Adenauer ‚fütterte' sein Kabinett mit Ideen. Er war sein eigener Planungsstab!

Adenauer arbeitete und dachte nicht nach Schablonen. Den Verlauf von Besprechungen konnte nur der engste Stab einigermaßen voraussagen.

Wer zum erstenmal an internen Beratungen teilnahm, war erstaunt, daß der Kanzler seine Meinung nicht Stein um Stein untermauerte, sondern in großen Räumen operierte. Er erwähnte einen Punkt, dann einen anderen, der weitab lag, noch einen dritten und hatte auf diese Weise rasch das Terrain umgriffen, in dem das Problem mit allen Verästelungen lag. Manchmal machte er einen Sprung über das ganze Feld und fing an der entscheidenden Stelle an zu bohren. Gelegentlich stützte er sich auf einen einzigen Punkt und baute von da aus kühne Konstruktionen.

Auf die Kombination fester Grundsätze und experimentierfreudiger Geschmeidigkeit wurde schon verschiedentlich hingewiesen. Heck nannte Adenauer „ein Genie des ehernen Konzepts und flexibler Taktik". blitzschnelles Reagieren einer- und eisernes Kurshalten andererseits waren eine ebenso wirkungsvolle Doppelbegabung wie das Zusammentreffen von Raffinesse und Grundsatztreue.

Adenauer hatte etwas katzen-, etwas pantherartiges; er behielt Menschen und Entwicklungen unverwandt im Auge, scheinbar nervenlos.

Bevor er das Boccia-Spiel in einem italienischen Urlaub kennenlernte, hatte er es in der Politik schon lange erfolgreich betrieben. Wie beim Billard spielte er über Bande; wenn möglich, arbeitete er mit zwei, drei ‚Mühlen', mit Finten und doppeltem Boden. Hin und wieder benutzte er Besucher als Helfer – auch wenn sie, wäre es ihnen bewußt geworden, lieber das Gegenteil getan hätten. Aber

Adenauer kannte das Geltungsbedürfnis vieler Menschen; und während er mit ihnen sprach, bedachte er, wem sie seine Worte, wann und wie weitersagen würden; und was er weitergetragen wissen wollte, das „pflanzte" er, bei aller Ungezwungenheit des Dialogs.

1957 oder 1958 muß er während einer Rede im Bundestag einmal steckengeblieben sein; es war für ihn ein schwerer Schock. Aber es blieb bei diesem einen Fall, und bis zum Rücktritt hatte er seine Kräfte stets zur Verfügung. Er ließ sich nicht verblüffen und wußte sich immer zu helfen. Wurde plötzlich eine Erklärung verlangt, hatte er, ohne herumzudrucksen, allemal etwas zu sagen.

Seine Schlagfertigkeit in Debatten und Wahlkämpfen war sprichwörtlich. Er blieb keine Antwort schuldig, und seine Entgegnungen auf Zwischenrufe im Bundestag sind eine Fundgrube für originelles Kontern. Zwar gerieten ihm auch Kalauer darunter – aber wenige Politiker haben einen so sprühenden Mutterwitz. Um wenige ranken sich so viele muntere Anekdoten.

Als Ollenhauer im Parlament Beschwerde führte, daß der Kanzler nicht zugegen sei, eilte Adenauer, den man unterrichtet hatte, herbei – die Gelegenheit gleich zu einem ‚Punktsieg' nutzend: „Sie wollen ja nur", tönte er vom Rednerpult, „daß ich komme, Herr Ollenhauer, damit Sie mir sagen können, daß ich gehen soll![8])

Jede Pressekonferenz brachte mindestens einen Beweis Adenauer'scher Schlagfertigkeit. Die Journalisten erwarteten derlei ‚Unterhaltung' geradezu. Am 22. August 1961 jedoch, bei Adenauers erstem Berlinbesuch nach dem Bau der Mauer, herrschte (wegen seines späten Kommens) eine geradezu feindlich gespannte Atmosphäre. Am Ende einer Reihe von Vorwürfen fragte ein Journalist, wie der Kanzler es verantworten könne, in einer so schicksalsschweren Zeit Wahlkampf zu führen: „Warum", tadelte er, „verlängern Sie die Legislaturperiode nicht einfach um ein Jahr?" „Was sagen Sie da?" fragte Adenauer zurück, „Verlängerung um ein Jahr? Offen gesagt, *vier* Jahre wären mir am liebsten" – und unter dröhnendem, befreitem Gelächter fuhr er fort, „aber ich wollte nicht kneifen; so wäre es mir doch ausgelegt worden; und die SPD hätte wohl auch nicht mitgemacht."

Kein Gespräch verging ohne Blitze spöttischer Überlegenheit. Bis zuletzt blieb ihm die pralle Präsenz seines Geistes.

Was man seine ‚Intuition' nannte, beruhte weitgehend auf subtiler Beobachtung und treffsicherer Kombination.

So hatte Adenauer (1961) eines Morgens die Telegramme versehentlich noch nicht bekommen, als sich der erste Besucher schon nach einer Sitzung erkundigte, die am Vorabend in Brüssel stattgefunden, auf welcher der Minister (eines anderen Landes) eine wichtige Rede gehalten hatte. Die Zeitungen hatten die Tatsache gemeldet, nicht aber den Inhalt, der vertraulich gewesen und geblieben war. Adenauer indessen sprach über die Rede so genau, als habe er den ausführlichen telegrafischen Bericht unserer Botschaft gelesen. Aus seiner Kenntnis der Lage und der Personen hatte er die Aussage des Minister bis ins Detail kombiniert; er hatte sie nicht wissen *können.*

So wie Adenauer häufig die Einstellung eines Gastes spürte, noch bevor der Betreffende zur Tür des Arbeitszimmers hereingekommen war, so hatte der Kanzler einen ‚Riecher', Antennen für politische Entwicklungen. „Eine gewisse Eingebung, wie sich die Dinge wahrscheinlich in Zukunft entwickeln werden", hielt er bei einem Politiker für „notwendig".

Er selbst nahm beispielsweise schon Anfang 1959 an, daß Chruschtschew eine Konferenz der großen Vier durch plötzliche Entschlüsse oder Forderungen torpedieren werde. Ein Jahr später, im Mai 1960, verhielt sich Chruschtschew entsprechend, indem er den U-2-Zwischenfall aufbauschte und die Gipfelkonferenz, die er selbst immer gefordert hatte, platzen ließ, noch ehe sie recht begonnen hatte. Bereits im April 1961 sah der Kanzler die Gefahr eines Kuba-Konfliktes voraus und erklärte ein halbes Jahr später, also noch immer ein Jahr *vor* Ausbruch der Krise, Kuba könne die Welt an den Rand eines Krieges bringen.[9])

Es gäbe Beispiele in Fülle. Adenauer besaß das, was Churchill für das Essentiale hält, d. h., mehr noch als im Kopf hatte er die Politik – in den Knochen.

„Wenn man mit offenen Augen", so lautete Adenauers Version derselben Erkenntnis „durch eine bewegte Zeit hindurch geschritten ist, bald an höherer, bald an weniger hoher Stelle und alle Erlebnisse in sich aufgenommen hat, bekommt man ein Gefühl für das Echte, Wahre, Bleibende, ein viel stärkeres Gefühl für das, was zu tun ist, als wenn man nur mit dem Verstande arbeitet."

Die vierzehn Jahre seiner Kanzlerschaft bezeugen es.

Scharfsinn und Weitblick

Wie mit Augen eines Raubvogels erfaßte Adenauer die Nähe und die Ferne zugleich. Er überblickte ein weites Geviert und konnte sich in Sekundenschnelle scharf auf eine Einzelheit konzentrieren. Sein Auge vermochte drei, vier Schleier zu durchdringen. Es war wach und unbestechlich.

Clay rühmte Adenauers schonungslosen Blick; Heuß bewunderte den durchdringenden Verstand; Hausenstein sprach von der „ätzenden Klugheit", einer der engsten Mitarbeiter von der „Intelligenzbestie".

Schon 1961, also noch ehe der Vietnam-Krieg richtig begonnen hatte, erklärte Adenauer wiederholt, auch gegenüber Amerikanern, daß er nicht zu gewinnen sei.

Auf dem Höhepunkt der Kuba-Krise im Oktober 1962 wurde der Kanzler, wie die anderen NATO-Partner, von den Amerikanern über die dramatischen Entwicklungen informiert und direkt um seine Meinung gebeten. Keiner der anderen Regierungschefs dürfte eine promptere, klarere und umfassendere Stellungnahme abgegeben haben. Die Archive werden das eines Tages belegen.

Adenauer wollte Entspannung, wirkliche Entspannung. Aber er war allergisch gegen den Mißbrauch des Wortes und wendete sich gegen die Bestrebungen und Pläne, die als „Entspannungspolitik" firmierten, die aber gerade keine Anstalten machten, die Ursachen der Spannung zu beseitigen, nämlich die Spaltung Deutschlands und die Teilung Europas, d. h. letztlich den Antagonismus der beiden Weltmächte. Die Knebelung der Lebensrecht der Menschen in Mittel- und Osteuropa, um Moskaus Herrschaft zu stärken, und –

auf der anderen Seite – die wachsende Unlust in Amerika, für die Freiheit Westeuropas weiterhin zusätzliche Lasten zu tragen, das verdiente den Namen Entspannung nicht. Das war alte, kurzsichtige Machtpolitik. Und aus dieser Einstellung heraus erklärte er, daß er „das elende Gerede von der Entspannung nicht mehr ertragen" könne; und er forderte, wie schon seit langem, eine weltweite kontrollierte Abrüstung. Die war in seinen Augen der Prüfstein, ob und wie weit die beiden Weltmächte die Spannungen wirklich abbauen und auf die Welthegemonie verzichten wollten.

Solange sie dazu nicht bereit waren, sollte keine Schein-Entspannug vorgetäuscht werden, kein Modus vivendi auf dem Rücken der Deutschen und anderer Völker. Maßnahmen, die auf Mitteleuropa oder gar auf Deutschland beschränkt blieben, lehnte er ab, ob sie nun Rapacki- oder Disengagementpläne hießen, Kennan-Vorschläge oder Sonderstatute. Er fand sie ebenso „erschütternd unrealistisch" wie die verschiedenen Neutralisierungs-Konzepte. „Es darf nie zu einer Neutralisierung Deutschlands kommen", war sein ‚ceterum censeo'; denn die Amerikaner würden dann fünftausend Kilometer hinter den Atlantik zurückgehen, die Russen aber blieben ganz nahe. Das müsse für sie eine ständige Lockung sein, sich in unsere inneren Verhältnisse einzumischen; unser politisches Leben (und vielleicht das einiger Nachbarn) würde erkranken; Gärungen, eventuell eine neue Katastrophe wären die Folge.[10])

Sein Sinn für das Wesentliche, der Churchill und de Gaulle so imponierte, wird selbst von seinen Gegnern nicht bestritten. Einigen ging er sogar zu weit, und sie sprachen dann vom ‚großen' oder ‚schrecklichen' Vereinfacher. Adenauer störte sich nicht daran. „Man muß die Dinge tief sehen", entgegnete er, als er einmal direkt nach dem ‚Vereinfachen' gefragt wurde, „wenn man an der Oberfläche bleibt, sind sie nicht einfach. Wenn man aber in die Tiefe schaut, dann sieht man das Wirkliche, und das ist immer einfach."

Ein Prüfstein für die Qualität des Blicks ist, ob man die Seinen und sich selbst kritisch beurteilen kann. Adenauer konnte uns Deutsche, einem Wort Lord Pakenhams zufolge „in einzigartiger Weise ganz von außerhalb betrachten".

Er brauchte keine ständigen Meinungsumfragen. Er wußte, wie die verschiedenen Gruppen und Schichten dachten. Er machte auch Fehler, wie am 13. August 1961; aber sie waren selten. Die Tatsache, daß er die Macht 14 Jahre lang mit demokratischen Mitteln halten konnte – ist diese Tatsache nicht ein Beweis dafür, wie gut er sein Volk kannte?

Der Kanzler sah die Verachtung und Feindschaft, die man uns in der ganzen Welt wegen der Nazi-Verbrechen entgegenbrachte. Er wußte, daß das ‚vae victis' eine Rolle spielte, aber auch andere Vorbehalte gegen uns. ‚Man habe die Deutschen entweder an seiner Gurgel oder zu seinen Füßen', soll Churchill gesagt haben. Wir waren seit längerem in den Geruch politischer Unzuverlässigkeit geraten. Adenauer hörte nicht auf, vor diesem ‚Erbübel' zu warnen. Immer wieder mahnte er zu Beständigkeit, „Stetigkeit" und zu geduldigem Rückgewinn des Vertrauens, „Schritt für Schritt". „Ein unstetes Volk, dessen Politik hin und her schwankt, steht allein. Es ist kein Verlaß darauf. Es hat keine Freunde." Noch in der letzten Sitzung legte er den Kabinettsmitgliedern ans Herz: „Nur mit Stetigkeit erwirbt man Vertrauen." Und in der Abschiedsrede im Bundestag sagte er: „Stetigkeit in der Politik ist die Voraussetzung für das Ansehen eines Volkes."[11])

So wertvoll Dynamik war: „wenn sie nur auf die Zukunft gerichtet ist, ohne Blick in die Umwelt und Vergangenheit, dann ist sie sehr gefährlich; – dann wird sie uns wieder ins Verderben führen."

Wir hatten nach dem Zusammenbruch von 1945 einen unglaublichen Aufschwung erlebt. Aber schien er vielen nicht schon selbstverständlich zu sein? Wollten sie nicht immer noch mehr? Und suchten sie nicht, da es auf der sicheren Straße nicht rasch genug voranging, auf dem offenen Feld nebendran zu überholen?

McCloy hatte zu mir einmal gesagt, die meisten Völker hielten inne, wenn das rote Licht Gefahr signalisiert; nur *ein* Volk habe die Tendenz weiterzugehen, selbst wenn das zweite rote Licht aufflammt: die Deutschen! Adenauer dachte ähnlich. Der Geltungsdrang, die teilweise ungezügelte Vitalität, die Neigung zum Wunschdenken, ja Rauschhaften beunruhigten ihn. „Was werden die Deutschen tun", sinnierte er angesichts des Jubels, der de Gaulle 1962 in Bonn und Hamburg entgegenschlug bis hin nach Ludwigsburg, „wenn ein zweiter Hitler kommt?!"

Nicht als ob er die wertvollen Eigenschaften seines Volkes übersehen hätte; er kannte und schätzte sie. Gerade ihretwegen suchte er uns – mit seinem ganzen Talent – vor den gefährlichen Neigungen zu schützen.

„Nützen Sie die Zeit", hatte er 1954 zu europäischen Kollegen gesagt, „solange ich noch da bin. Ich weiß nicht, was meine Nachfolger tun werden, wenn sie sich selbst überlassen sind ... wenn sie nicht an Europa gebunden sind."[12]

Aber er kannte nicht nur sein Volk, sondern auch sich selbst. „Wie kein anderer", sagte Monnet, der mit allen führenden Politikern jener Zeit bekannt war, „hat Adenauer immer genau um Ausmaß, Bedeutung und Folgen seiner Entscheidungen gewußt"; und deshalb hielt er ihn für den Größten. Adenauer selbst meinte in einem Interview einmal beiläufig, daß er wisse, „mit den Dingen als Kanzler umzugehen". Er kannte seinen Wert. Aber er prüfte sich auch immer wieder selbst. Es war nicht so, wie Kritiker behaupten, als ob er die Ursache von Mißerfolgen nie bei sich selbst gesucht hätte. Er war auch da kritisch und nüchtern.

Für die realistische Selbstbeobachtung ist auch die Gesundheit ein Indiz: Nur der wird so alt in Frische und Schaffenskraft, praktisch ohne Beschwerden, der sich wirklich selber kennt.

Adenauer bestand eine der schwierigsten Prüfungen, nämlich auf der Höhe des Erfolges stets dessen Grenzen zu sehen. Wie vielen wäre die lange Kette ungewöhnlicher Erfolge – zehn Jahre fast ohne Rückschlag – nicht zu Kopf gestiegen? Wie viele wären dadurch nicht zu Waghalsigerem verlockt worden? hätten sich langsam nicht für unfehlbar gehalten?

Die Erfahrung zweier Stürze mag ihm geholfen haben, auch das Alter, die Distanz.

Es bleibt gleichwohl beispielhaft, in welchem Maße er sich gegen Hochmut und Selbstüberhebung immun erwies.

Ich halte das für den schlagendsten Beweis seines unbestechlichen Blicks.

Neben der Illusionslosigkeit Adenauers, seinem „gnadenlosen Realismus" (Hallstein), war sein Weitblick die auffälligste und wichtigste Einzelbegabung aus dem Bündel seiner „unerhörten" Intelligenz.

Sie zeigte sich früh. Schon 1914 rechnete er – entgegen der allgemeinen Erwartung – nicht mit einem baldigen Ende des Krieges, sondern mit dessen langer Dauer. Er empfahl daher schon im November 1914 eine allgemeine Rationierung der Lebensmittel. Da sein Vorschlag nicht angenommen wurde, schloß er mit den Landwirten rund um Köln Lieferverträge (gegen Saatgut und Düngemittel) und gab ihnen städtisches Vieh „in Pension": Köln wurde so zur bestversorgten Stadt in jenen Jahren.

Als er 1922 für ein Bündnis zwischen Katholiken und Protestanten eintrat, war er seiner Zeit weit voraus; ein einsamer Rufer.

Adenauer spürte die Gefährlichkeit der Nationalsozialisten früh. Und wenn er auch das Maß an Unterdrückung und Brutalität nicht für möglich gehalten hätte, das sie nach 1933 an den Tag legten, so war ihm doch früher deutlich als den meisten bürgerlichen Politikern, was für ein Verhängnis Hitler über Deutschland bringen werde. Mehrfach forderte er öffentlich (bspw. 1930 vor den deutschen Oberbürgermeistern), dem Machtdrang der braunen Kolonnen Widerstand zu leisten. Wiederholt schlug er Brüning (vergeblich) Beendigung der Sparpolitik, großzügige Arbeitbeschaffungen und einen freiwilligen Arbeitsdienst vor. Beides führte er dann in Köln selber ein. Wäre im ganzen Reich ähnliches geschehen, hätte vieles vielleicht gerettet werden können.

Noch im Herbst 1932 forderte er vor den Führern des Zentrums (vergeblich) hartes Vorgehen gegen die Nationalsozialisten.

1933 hoffte er noch auf ein baldiges Ende des Naziregimes; aber schon 1934 rechnete er mit einer zwölf- bis vierzehnjährigen Gewaltherrschaft. Freunden, die gleich ihm den Nazis ein Dorn im Auge waren, riet er, bei Ausbruch des Zweiten Weltkriegs außer Landes zu sein, „da das Regime die Gelegenheit benutzen könnte, intern abzurechnen". Er selbst handelte entsprechend und verbrachte die kritischen Wochen in der Schweiz. Ein guter Freund folgte dem Rat nicht, wurde in den ersten Septembertagen 1939 in ein Konzentrationslager geschafft und umgebracht. Bald nach Beginn des Krieges, als fast alle, auch Gegner des Regimes, mit einem Sieg Hitlers rechneten, sah Adenauer die Niederlage und das furchtbare Ende voraus und erklärte in der Zeit seiner zweiten

Verhaftung 1944, daß das Bündnis zwischen den Vereinigten Staaten und der Sowjetunion nach dem Kriege zerfallen und die Welt in einen demokratischen und einen kommunistischen Block geteilt würde.[13]

Bald nach dem Krieg entwickelte er wirtschaftspolitische Vorstellungen, die Teile der sozialen Marktwirtschaft antizipierten. Als er die Thesen Erhards kennenlernte, griff er sie auf und erhob sie zum Parteiprogramm. Ein Gemisch aus Plan- und Marktwirtschaft lehnte er ab; „sonst kommt der Karren nicht von der Stelle".

Um so bald wie möglich eine handlungsfähige deutsche Regierung zu haben, setzte er sich über gewisse Unvollkommenheiten des Grundgesetzes hinweg; es mußte verhindert werden, daß andere einfach über uns ‚verfügten'. „In einer Zeit, in der alles fließt, mußten wir die Richtung mitbestimmen", um „teilzuhaben an den sich mächtig entwickelnden Strömen in Europa und der freien Welt."[14]

Zum Weitblick gehört Umsicht. Auch bei hektischstem Betrieb dachte der Kanzler daran, die Verbündeten zu unterrichten, Unterstützung einzuholen oder Dritten etwas ‚anzubieten'. Vor jedem Schritt erwog er, wie die Vereinigten Staaten reagieren würden, Frankreich, England, die Sowjetunion und auch die deutsche Öffentlichkeit. Automatisch hatte er das ganze Feld im Blick bzw. im Gespür. Aus Bewegungen verschiedener Stärke und Richtung, persönlicher und sachlicher Art, zog er mit einem Blick die Resultierende. Und auf die Gefahr hin, daß es für übertrieben gehalten wird, glaube ich feststellen zu können, daß Adenauer die Fähigkeit hatte, zwölf Kontrolluhren gleichzeitig zu überwachen – wenn man (um im Bild zu bleiben) vier als die normale Leistung ansehen will.

Wenn irgend möglich suchte der Kanzler, mit einer Aktion mehrere Wirkungen auszulösen, etwa beim Wehrbeitrag, einer Entscheidung, die dem Nichtmilitaristen Adenauer schwer gefallen ist. Aber durch die Bereitschaft, für unsere Sicherheit selbst etwas zu tun, wurden wir in den Augen vieler im Westen „mit einem Ruck wieder eine geachtete Nation" (Robert Ingrimm). Wir verstärkten die Widerstandskraft gegen Drohungen aus dem Osten, erreichten im gleichen Atemzug die Gleichberechtigung unseres Landes und knüpften die USA fester an Europa. Schließlich beabsichtigte Adenauer, mit unserem Wehrbeitrag außerdem das Fundament für die „Vereinigten Staaten von Europa" zu gießen – damals ging es ja noch um die Europäische Verteidigungsgemeinschaft. Daß dieses epochale Vorhaben dann in letzter Minute scheiterte, war wahrlich nicht des Kanzlers Schuld.

Schon als Oberbürgermeister hatte er sich sporadisch mit Außenpolitik befaßt. In seiner ersten diesbezüglichen Rede, am 1. Februar 1919, trat er für eine Aussöhnung zwischen Deutschland und Frankreich ein – in jener Zeit ein einsamer Vorschlag. Und schon in derselben Rede bezeichnete er eine allgemeine Abrüstung, an die so viele ‚wünschend glaubten', als Illusion. 1923 dann setzte er sich für eine Wirtschaftsgemeinschaft zwischen Deutschland und Frankreich ein, wodurch „die übrigen Staaten des Westens unweigerlich angezogen würden". Alternativ schlug er eine Verflechtung der französischen, luxemburgischen und deutschen Schwerindustrie vor, ein Konzept, das er 1925 erneut vorbrachte und das bereits wichtige Element des Schuman-Plans enthielt.

Direkt nach dem Zweiten Weltkrieg beurteilte er die Lage wesentlich scharfsinniger, wie selbst Kritiker einräumen, als fast alle Politiker des In- und Auslands. Bereits am 31. Oktober 1945 schrieb er, es komme vor allem darauf an, dem von Rußland nicht besetzten Teil Deutschlands ein vernünftiges staatsrechtliches Gefüge zu geben, ihn politisch und wirtschaftlich wieder gesund zu machen und dann mit den Nachbarstaaten eine „Union der westeuropäischen Staaten" zu bilden.

Seit seinen Gesprächen mit Chruschtschew in Moskau 1955 war die russische Sorge vor China für ihn ein wichtiges Element der Weltpolitik. Immer wieder kam er darauf zu sprechen. Manche, auch sehr hochrangige Politiker des Westens hörten ihm höflich, aber auch etwas mitleidig zu; sie hielten das für eine Marotte des alten Herrn, Zeichen beginnender Verkalkung, fast so unrealistisch und fern wie weiland Wilhelms II. „gelbe Gefahr"... bis, ja, bis Chruschtschew Anfang 1963 selbst davon sprach. Da wollten es plötzlich alle gewußt haben!

Eine Entscheidung von zentraler Bedeutung, bei welcher Adenauers Weitblick den Ausschlag gab, war die für den Westen. Zwar war die große Mehrheit in der Bundesrepublik, auch unter den führenden Politikern, gegen einen Anschluß an die Sowjetunion. Die schrecklichen Vorkommnisse bei der Besetzung des deutschen Ostens und bei der Vertreibung waren zu tief ins Bewußtsein eingebrannt. Hinzu kam, daß das sowjetische Herrschaftssystem der Nazidiktatur ähnelte, die uns in das unsagbare Elend gestürzt hatte.

Aber es gab nicht wenige, die sich weder an den Osten noch an den Westen anlehnen wollten, die es mit keinem verderben, sondern, äquidistant, Brücke sein wollten. Einige wenige meinten sogar, dann das Zünglein an der Waage zu werden und sowohl vom Westen wie vom Osten profitieren zu können. Wieder andere scheuten eine feste Bindung an den Westen, um die Wiedervereinigung leichter erreichen zu können. Adenauer hielt alle diese Erwägungen für falsch und gefährlich.

Die Vorstellung, Brücke zwischen Ost und West werden und bleiben zu können, hielt er für vermessen. Dafür waren wir einfach zu schwach. Aus eigener Kraft konnten wir uns nicht neutral halten, mußten vielmehr unaufhaltsam stärker und stärker in den Anziehungsbereich der (nahen) Großmacht im Osten geraten. Das Gesetz der Gravitation gilt auch in der Politik. So wie die Zweifrontenkriege unter unsäglichen Opfern gescheitert waren und hatten scheitern *müssen*... so mußte uns eine Schaukel- oder Brückenpolitik in die Isolierung führen – d. h., auf längere Sicht wahrscheinlich in Abhängigkeit... und vielleicht in eine neue Katastrophe.

Wie Bismarck fürchtete Adenauer den Expansionsdrang der Russen.[15] Er rechnete weniger mit direktem Angriff als vielmehr mit langsamem, aber unablässigem Vordringen – die Gelegenheiten nutzend; so wie die Flut steigt, an den schwachen Stellen des Deiches nagt und das Grundwasser auf der inneren Seite des Dammes hochtreibt.

Das Ziel der Sowjets – fast war es eine Manie – war: stärker zu werden als die USA... und auch China gewachsen zu sein. Und nichts konnte rascher zu diesem Ziel führen, als die Einvernahme der Deutschen, die Nutzbarmachung ihrer Kräfte.

Für uns indessen kam ein Zusammengehen nicht in Betracht. Da die Sowjets die Freiheit nicht kennen... und sie niemandem lassen, war ihr Interesse zwangsläufig gegen das unsere gerichtet. Ohne starke, verläßliche Freunde konnten wir nicht widerstehen; und um sie mühte sich Adenauer – wie Bismarck – bis an sein Ende.

Sie waren jedoch nur zu gewinnen, wenn man sich zu ihnen bekannte und durch sein Handeln bewies, daß man sein Schicksal mit dem ihrigen verband. Daher das Bemühen um die Versöhnung mit Frankreich, unserem direkten Nachbarn im Westen. Daher das Bemühen, ein einiges, handlungsfähiges Westeuropa zusammenzubringen. Daher das Bemühen, das Atlantische Bündnis stark und lebendig zu halten; denn es allein war – noch für geraume Zeit – in der Lage, uns Schutz und Sicherheit zu geben.

Diese eher defensiven Erwägungen wurden durch aktivere, zukunftsgerichtete ergänzt. Unser Weg konnte nur in Richtung Freiheit führen. Eine lebenswerte Zukunft stand uns nur offen, wo Recht und Menschenwürde etwas galten. Adenauer meinte, daß das Abendland, das der Welt schon so viel gegeben hat, noch mehr beizutragen habe. Zwar nicht, wenn die europäischen Nationen weiterhin versuchten, einzeln vorzugehen, wohl aber, wenn sie sich zusammenschlossen. Geeint hatten sie eine gute Chance, mit ihren Ideen und Fähigkeiten auf den Weg der Menschheit auch künftig einzuwirken. Zusammen mit den Amerikanern schließlich konnten sie die Freiheit in der Welt erhalten helfen – als einen Hort und eine Hoffnung für viele.

Natürlich hat Adenauer auch Fehler gemacht; nicht nur am 13. August 1961 und im Umgang mit Menschen, sondern auch bei der Bewertung politischer Vorgänge. Die sowjetischen Memoranden von 1952 zählen allerdings nicht dazu; das dürfte erwiesen sein.[16]) Inadäquat war aber seine Einstellung zu England; er hat dessen Wert für das Weiterleben der Freiheit nicht deutlich genug erkannt.

Auf weitere Unterlassungen wird man in der Innenpolitik stoßen. Wir hätten uns mit dem Dritten Reich wesentlich intensiver befassen müssen, mit den Ursachen, äußeren Einflüssen, inneren Dämonen und mit dem furchtbaren Verlauf.

Wir hätten uns auch mehr mit der Freiheit beschäftigen sollen, der Freiheit eines Christenmenschen! Wir erfreuen uns ihrer wie nie zuvor. Aber wir kennen weder ihre Lebensbedingungen noch ihre Struktur. Wir können sie daher auch nicht lehren, weder unserer eigenen Jugend noch anderen.

Hätte man nicht eine ‚Schule der Freiheit' gründen sollen? Adenauer war überzeugt, daß das Ideelle Vorrang vor dem Materiellen haben müsse und sprach das auch aus. Aber sein Sinnen und Trachten war durchweg auf das praktische Tun gerichtet. Er war von Natur aus nüchtern, und nach dem schrecklichen Mißbrauch des Idealismus durch Hitler scheute er noch mehr davor zurück, daran zu appellieren und hohe Ziele mit flammenden Worten herauszustellen. Begeisternde Losungen waren nicht seine Sache.

Sicher waren die Auseinandersetzung mit der Vergangenheit und die Sinngebung der Zukunft nicht nur seine Aufgabe. Andere waren mindestens ebenso verantwortlich und hätten sich prononcierter äußern müssen. Aber auch er hätte sich mehr um geistige Führung kümmern sollen. Vorbild und Vor-Machen genügen – leider – nicht.

Man wird auch noch auf andere Fehler und Unterlassungen stoßen. Insgesamt wird man jedoch nicht viele Politiker finden, zumal nicht in unserer Geschichte, die so wenig Fehler machten, weder durch Handeln noch durch Unterlassen.

Um auf die Westbindung noch einmal zurückzukommen: Wie anders wäre die Entwicklung ohne Adenauers klare, unbeirrbare Entscheidung verlaufen? Noch 1950 verkündeten Pieck und Grotewohl, die ‚Befreiung Westdeutschlands' sei das erklärte Ziel der Sowjetunion, was angesichts der ‚Befreiung Süd-Koreas' eine eindeutige Aussage war. Wären die Weichen anders gestellt worden – und wie leidenschaftlich wurde das versucht! – wären wir in den Sog der großen Ostmacht geraten. Der wirtschaftliche Aufschwung wäre gering und langsam geblieben – und wir hätten die Freiheit nicht. Gemeinsam mit unseren Landsleuten und den Völkern Osteuropas hätten wir einen geringeren Standard und Status als diese heute. Denn unser politischer und wirtschaftlicher Aufstieg – so schmerzlich groß der Unterschied ist – hat auch ihnen geholfen, direkt durch den Interzonen- und anderen Handel, indirekt durch das Beispiel: Um den Unterschied nicht zu kraß werden zu lassen, mußten die dortigen Machthaber auch ihnen mehr Lebensqualität gewähren!

Selbst bei unseren Nachbarn im Westen und in anderen Teilen der Welt sähe es, wäre die Entscheidung anders oder halbherzig gefallen, schlechter aus.

„Niemand hatte mehr Anteil an der Rettung des Friedens in Europa, ja in der Welt!", sagte Robert Schumann von Adenauer. „Die Geschichte nach 1949", schrieb Clay, „wäre ohne Adenauer mit Sicherheit ganz anders verlaufen."[17])

Zähigkeit

Ich habe bisher Adenauers Gesundheit, seine Selbstmeisterung, die Gefühlsstruktur, die Menschenbehandlung und seine Intelligenz geschildert. Sie sind gewissermaßen die Grundfarben dieses Porträts. Aus dem Bündel der Intelligenz habe ich den Scharfsinn und Weitblick herausgehoben und in dem gerade beendeten Kapitel gesondert dargestellt, weil sie für Adenauer besonders kennzeichnend und weil sie eine der tragenden Säulen für seine epochale Leistung waren.

Ein zweite tragende Säule war die Zähigkeit. Sie fiel schon in seiner Jugend auf. Kurz vor der Jahrhundertwende brachen an einem Samstagmittag dreizehn Freiburger Studenten zu einem Marsch von 85 km durch den Schwarzwald auf, den sie - mit einer ‚Kneipe' auf dem Feldberg und nur zwei Stunden Schlaf - bis Sonntagabend zurücklegen wollten. Nur drei Studenten hielten die Gewalttour durch. Nur ein einziger erschien am Montagmorgen im Kolleg: Adenauer.

Er konnte aber nicht nur durch-halten, sondern auch aushalten, was in den Jahren des Dritten Reiches besonders deutlich wurde. Ich fürchte, daß die Jüngeren nicht nachempfinden können, was es damals hieß, verfolgt und verfemt zu sein. Adenauer, der noch im Januar 1933 der ‚König' von Köln gewesen war, mußte sich wenige Wochen später an der schlafenden SA-Wache vorbei aus seinem Hause stehlen - das er erst 1945 als Ruine wiedersah.

Seine Konten waren gesperrt; er hatte Arbeitsverbot; lange Zeit bekam er weder Gehalt noch Pension - und das mit einer großen Familie.

Er mußte sich verbergen. Maria Laach, wo er zunächst Zuflucht gefunden hatte, mußte er auf Betreiben der Nationalsozialisten wieder verlassen. In den ersten Jahren des Dritten Reiches wechselte er mehrfach sein Domizil. Er wurde verhaftet, ausgewiesen, wiederholt von seiner Familie getrennt. Und wer jene Zeit noch kennt, weiß, was es bedeutete, daß Adenauer froh war, von seiner Wohnung im Löwenburger Tal (bei Rhöndorf) mit zwei Schritten im Wald zu sein.

Ebenso deprimierend wie die persönliche Situation war die allgemeine Entwicklung. Hitler hatte Jahr für Jahr Erfolge. Innerhalb des Reiches gab es nur stramme Gefolgschaft, und die übrige Welt kam dem Diktator weithin entgegen. Um die innerdeutschen Gegner des Hakenkreuzes wuchs Hoffnungslosigkeit.

Einmal wurde es selbst Adenauer zuviel. Am Buß- und Bettag 1935, als er (wieder einmal für lange Zeit von der Familie getrennt) allein in Unkel am Rhein lebte, an einem trostlosen Novembertag, drohte er der Verzweiflung zu erliegen. Es regnete den ganzen Tag. Der Rhein führte Hochwasser. Vor Adenauer stand die Zukunft „grau in grau". Da las er zufällig den „Taifun" von Josef Conrad, und das Beispiel des Kapitäns in dieser Erzählung half ihm auf. Dem Kapitän brachte „nicht Klugheit die Rettung aus der schier ausweglosen Situation, sondern Geduld und Ausdauer: das Standhalten allein". Dieses Beispiel belebte Adenauers Hoffnung.[18]) Er harrte aus.

Er überstand den „Taifun" des Nazi-Regimes und erlebte eine andere Zeit.

Wie in einem Akt großer Gerechtigkeit schlug das Pendel der Geschichte zurück, hob den Zurückgestoßenen empor und stellte ihn 1945 noch einmal an die Spitze der geliebten Vaterstadt. Aber nur für ein halbes Jahr; dann traf ihn ein zweiter bitterer, dem von 1933 vergleichbarer Schlag: unter höchst ungerechten und beleidigenden Vorwürfen setzte ihn die Besatzungsmacht ab!

Man muß sich in Adenauers Lage versetzen. Nach zwölf furchtbaren Jahren hatte er erlöst aufatmen können, hatte sich „voll Mut und Idealismus" in den Wiederaufbau gestürzt – um nach kurzer Zeit erneut hinabgestoßen zu werden, und zwar diesmal – welche Ironie! – von denen, die Deutschland von dem Tyrannen befreit hatten. Und diesmal durfte er nicht – wie bei den Nazis – hoffen, die neuen Machthaber zu überleben. Nach menschlichem Ermessen würden sie bis an sein Lebensende regieren.

Sollte er gleichwohl einen neuen Anlauf wagen?

Er war fast siebzig Jahre alt; seine zweite Frau war schwer erkrankt. Hätten die meisten nicht endlich aufgehört?

Welche Kräfte mußten in ihm stecken! Welche Zuversicht, noch Wesentliches leisten zu können. Welche Härte!

Auch darin hatte er etwas von der Katze, der man neun Leben nachsagt.

Adenauer rechnete Fleiß, Ausdauer und Geduld zu seinen besten Eigenschaften, auch wenn er – falls überhaupt – davon meist in etwas ironischem Ton sprach, etwa, „daß man, um Erfolg in der Politik zu haben, länger sitzen können muß als andere". McCloy erinnerte später an manche Besprechung auf dem Petersberg „bis weit in die Nacht. Manchmal ging die Sonne über dem Rhein schon wieder auf... Adenauer war dann noch hellwach, während wir müde zu werden begannen". Die Schlußverhandlungen über den Montan-Vertrag 1951 dauerten mehrere Tage, jeweils bis in die Morgenstunden. Wegen des Deutschlandvertrags führte Adenauer persönlich dreißig (oft tagelange) Besprechungen mit den Alliierten. Die letzte (am 16. Mai 1952) dauerte siebzehn Stunden ohne Unterbrechung. Schon am 19. Mai mußte er erneut zehn Stunden verhandeln. Dazu kamen strapaziöse Vor- und Nachberatungen mit der eigenen Fraktion, den Koalitionspartnern, dem Kabinett, der Opposition und anderen Gruppen. Die Beispiele ließen sich verhundertfachen. Zu Anfang dieser Studie schilderte ich einige aus seinen letzten Kanzlerjahren.

Wichtiger als das „Aussitzenkönnen" war freilich Adenauers Hartnäckigkeit bei der Verfolgung einmal ins Auge gefaßter Ziele. Viele Leute die eine Arbeit gut anfangen, erlahmen nach einiger Zeit oder lassen sich entmutigen, wenn sie auf ernstliche Widerstände stoßen. Adenauer nicht.

„Schritt für Schritt" war ein Wort, das er gern verwandte, „Stetigkeit" ein weiteres. „Meine Geduld ist unbegrenzt", rief er in eine hitzige Debatte seiner Fraktion. Er hatte den ‚zweiten Atem', und es schien, als seien Hindernisse nur dazu angetan, noch stärkere Energien in ihm zu entfachen.

Nur des Kanzlers unerschütterlicher Ausdauer, ja Verbissenheit war es zu danken, daß die Mitbestimmung Wirklichkeit wurde oder der Lastenausgleich, die Wiedergutmachung an Israel oder unsere Souveränität. Wollte ich alle Vorhaben schildern, die ohne seine unvergleichliche Beharrlichkeit auf halber Strecke liegengeblieben wären, könnte ich nichts anderes mehr schreiben. „Alles, was nach 1949 in Deutschland geschehen ist", schrieb Robert Schumann 1962, „trägt den Stempel Adenauers, der weiß, was er will, und der seine Ziele mit unerschütterlicher Hartnäckigkeit verfolgt." Das werden die Historiker immer deutlicher herausarbeiten.

„Zähigkeit in der Politik", meinte Adenauer selbst, „ist die Voraussetzung für jeden Erfolg."

Auch durch wiederholte Rückschläge durfte man sich nicht entmutigen lassen. Selbst das Scheitern der europäischen Verteidigungsgemeinschaft im Sommer 1954 lähmte Adenauer nicht. Der negative Beschluß des französischen Parlaments war, wie der Kanzler wiederholt erklärte, „der härteste Schlag", „die bitterste Enttäuschung seiner Regierungszeit". Aber „Trauer und Resignation wären falsch gewesen; sie helfen nicht; die Aufgabe mußte erneut in Angriff genommen werden", „auf anderem Weg", „im zweiten Anlauf". Adenauer fackelte nicht. Auch wenn es nur die zweitbeste Lösung war: wir traten der NATO bei.

Adenauer bezeichnete den deutsch-französischen Vertrag als das Hauptwerk seiner 14jährigen Tätigkeit als Bundeskanzler. Auch wenn man meint, er habe noch Größeres vollbracht – der Vertrag steht mit an der Spitze. Damit er Wirklichkeit wurde, mußte viel zusammenkommen, vor allem auf französischer, aber auch auf deutscher Seite. Und daß da Adenauer die Hauptarbeit leistete, als Planer und Kärrner zugleich, dürfte unbestritten sein. Das Gelingen hing von seinem Weitblick ab, seinem Mut, der Fähigkeit, Vertrauen zu gewinnen – vor allem aber von seiner unvergleichlichen Zähigkeit.

Heute scheint das gute Verhältnis zwischen den Nachbarvölkern selbstverständlich. Jahrhundertelang indessen hatte Feindschaft geherrscht. Jede Generation hatte Blutvergießen und Zerstörung erlebt, fast jede Familie Angehörige verloren. Die zeitweise leidenschaftliche Gegnerschaft hatte zu immer grimmigeren Kriegen geführt und in diesem Jahrhundert zweimal die Welt erschüttert. Auch nach dem Zweiten Weltkrieg hätten Mißtrauen und Selbstsucht wieder den Sieg davongetragen, wenn Adenauer nicht von Anfang an offen auf Verständigung und Zusammenarbeit hingewirkt hätte.

Dabei machten es ihm einige französische Regierungen schwer. Sie liebäugelten mit Bündnissen, um uns einzukreisen. Das Saarland wurde zum Zankapfel. Aber der Kanzler ließ sich weder von Frankreich provozieren, noch von deutschen Politikern in Harnisch bringen. Er ließ keine Wunden aufreißen und nichts verschütten und brachte die Chance der Versöhnung durch alle Klippen – bis de Gaulle, dem die Zusammenarbeit mit uns ebenso am Herzen lag, ja der eine Union erstrebte, in Paris das Steuer wieder in die Hand nahm.

Die Versuche, nach der Europäischen Wirtschaftsgemeinschaft auch eine *politische* Gemeinschaft zu sechst zu beginnen, waren im April 1962 gescheitert. Man hatte sich ernsthaft zerstritten. Nur Deutschland und Frankreich waren noch dazu bereit. Aber kaum schickten sie sich an, nun zu zweit anzufangen, als zahlreiche Gegner aus allen Ecken und Enden herbeistürzten, um diesen Bund im Keim zu ersticken. In beiden Ländern, namentlich in der Bundesrepublik, erhoben sich mächtige Widerstände. Die anderen Mitglieder der Sechser-Gemeinschaft hintertrieben, wo immer sie konnten. Die Angelsachsen widersetzten sich vehement; gewisse Kreise in Amerika ‚schäumten'. Und der Kreml verleumdete die deutsch-französische Verständigung sogar als „Kriegsvertrag". Als sich dann, zu allem Überfluß, de Gaulle kurz vor der Unterzeichnung des deutsch-französischen Vertrags noch gegen den Beitritt Englands zur EWG aussprach, zogen sich die dunklen Wolken, die schon länger am Himmel standen, plötzlich drohend zusammen. Mächtige Kreise in den USA, Großbritannien und bei uns forderten kategorisch die Verschiebung der Unterzeichnung. Sie wäre das Ende des Vertrags gewesen.

Auch Adenauer war über de Gaulles Erklärung keineswegs erbaut; aber er ließ sich nicht zu emotionalen Äußerungen hinreißen. Und obwohl seine Macht schon angeknackt war, und obwohl einflußreiche Politiker ihn an den Rockschößen zurückzuhalten suchten, fuhr er zum vereinbarten Termin nach Paris, unterzeichnete den Vertrag und setzte so den Schlußstein in das Versöhnungswerk.

Das Verhältnis zwischen Deutschland und Frankreich wurde dann aus Gründen, die hier nicht näher erläutert werden müssen, nicht so eng, wie Adenauer und de Gaulle es gewollt hatten.[19]) Die in die Zukunft gerichtete Komponente, nämlich das gemeinsame Anpacken der großen Aufgaben, das Zusammenwachsen der beiden Nachbarvölker, entwickelte sich nur unvollkommen. Aber unter die Feindschaft, die 400 Jahre zwischen Deutschen und Franzosen geherrscht hatte, war der Schlußstrich gezogen. Eine durchgreifende Verständigung, die wohltuend für den Frieden überall ist, hatte begonnen. Und die Möglichkeit, enger zusammenzufinden, steht weiterhin offen.

Ohne de Gaulle wäre es nicht gelungen; aber auch ohne Adenauer und seine Durchhaltekraft nicht. Hätte er nur dieses Eine vollbracht – ein Platz in der Geschichte wäre ihm sicher.

Mut

Wiederholt bezeichnete Adenauer die Geduld, also Aushalten und Zähigkeit, als „die wichtigste Eigenschaft, die größte Tugend für die Politik und das Leben". Bei anderer Gelegenheit sagte er dasselbe vom Mut. Und letztlich hielt er beide wohl für gleich wichtig.

Adenauer war ein Kämpfer. Schon im privaten war nicht leicht Kirschen essen mit ihm. Er scheute sich nicht vor Reibereien. Und es schien ihn geradezu zu drängen, sich für seine Überzeugungen zu schlagen.

„Politik ohne Kampf" hielt er für „langweilig". Er gestand, daß er „gern Krach habe." „Ich bin mehr für Kampf als für Werbung!" rief er auf dem CDU-Parteitag 1962. Als er 1959 ein paar Wochen lang erwog, Bundespräsident zu werden, sagte er, daß „es ihm schwerfallen, ja daß es schrecklich für ihn sein werde, wenn er fortan" (über den Parteien stehend müssend) „nicht mehr kämpfen könne". Manchmal hatte man den Eindruck, als tauge in seinen Augen nicht, was nicht erkämpft worden war. Wahlkämpfe „erfrischten" ihn. Wie oft, wie überzeugend und wie entschieden hat er für seine Politik im Bundestag gestritten! Und noch heute gelten seine Auftritte (auch bei politischen Gegnern) als Höhepunkte in der Geschichte unseres Bundestags.

Als François-Poncet ihn in den Anfangsjahren der Bundesrepublik einmal ‚annahm', steckte Adenauer nicht zurück: „Es ist Ihrer nicht würdig, so zu mir zu sprechen", schleuderte er ihm entgegen, „und meiner nicht würdig, so mit mir sprechen zu lassen" – und verließ den Raum. Männern, die gegen ihn kämpften oder konspirierten, begegnete er ins Angesicht.

Er hatte keine Menschenfurcht. Mancher ist gegen Außenstehende energisch, meidet aber Auseinandersetzungen im innern Kreis, läßt Beratern zuviel freie Hand und ‚drückt ein Auge zu' – Adenauer nicht.

Er fürchtete sich auch nicht, allein gegen viele anzutreten, etwa im April 1963, als die Fraktion, gegen des Kanzlers häufig geäußertes Nein, Erhard zum Nachfolger wählen wollte. Adenauer wußte, daß er die Mehrheit nicht mehr umstimmen konnte, daß er vielmehr in ein Wespennest stechen, daß sie ihn mit Vorwürfen überschütten würden, wenn er seine Meinung noch einmal sagte. Und in der Tat äußerte sich in der Versammlung nur einer von achtzehn Rednern in seinem Sinn. Adenauer stand gleichwohl auf: er sei und bleibe anderer Meinung. Empörtes Gemurmel, zornige Mienen. Doch der Kanzler ließ sich nicht einschüchtern: „Sie müssen das ertragen meine Damen und Herren", rief er in die erregte Fraktion; und klar und unbeirrt trug er seine Gründe vor.

Während seiner ganzen Regierungszeit hatte er sich nicht gescheut, unpopuläre Dinge zu tun. Wer Verantwortung trug, mußte – in seinen Augen – nach dem Gewissen handeln und durfte weder vor Kritik noch Druck weichen. Das ist in unserer Zeit der Meinungsbefragungen schwer geworden; aber es entscheidet über den Rang des Staatsmanns.

Wenn es nötig war, trat er auch den mächtigsten Verbündeten entgegen. 1962 hatte er den Eindruck, daß amerikanisch-sowjetische Gespräche (über eine Zugangsregelung nach Berlin) in Bahnen gerieten, die zur Loslösung Westberlins, zur Vertiefung der Spaltung Deutschlands und zu einer Schwächung der westlichen Position insgesamt führen konnten. Dagegen wandte er sich mit aller Kraft. Er wußte, daß Politiker und Presse im In- und Ausland, namentlich in den angelsächsischen Ländern über ihn, den ‚unbequemen Alten' herfallen würden; so kam es auch; aber das scherte ihn nicht. Er lancierte Interviews, unternahm Demarchen und stemmte sich mit einer Energie wie in seinen besten Tagen in die Speichen des Rades, das nicht mehr aufzuhalten schien... und brachte es, praktisch allein auf sich gestellt, zum Stehen!

Im Sommer 1963, wenige Monate vor seinem Rücktritt, ließen ihn Verhandlungen zwischen den USA, Großbritannien und der Sowjetunion erneut Schlimmes befürchten. Diesmal ging es um die

Einstellung der Atomversuche. Das Ziel war begrüßenswert. Bei der Vertragsformulierung schien es der Sowjetunion jedoch zu gelingen, die Anerkennung der DDR durchzubringen. Dem widersetzte sich Adenauer entschieden; in seinen Augen hätte es das Ende unserer Wiedervereinigungspolitik bedeutet. Er drohte, dem Atomsperrvertrag nicht beizutreten. Das führte zu deutlicher Verstimmung rundum und zu hektischer, diplomatischer Aktivität; zweimal kam McNamara nach Bonn, einmal Rusk, bis endlich eine Lösung gefunden war, der Adenauer zustimmen konnte. „Ein Volk in so schwieriger Situation wie wir", sagte er damals, „muß riskieren, daß sich andere über es ärgern."[20])

Riskierte er auch persönlich? Und, um gleich einen kritischen Punkt herauszugreifen: auch im Dritten Reich?

Eine der ersten Maßnahmen der Nationalsozialisten, die Macht unwiderruflich an sich zu reißen, bestand in der Auflösung des preußischen Landtags. Dazu brauchten sie die Zustimmung Adenauers in seiner Eigenschaft als Präsident des Preußischen Staatsrats. Aber er weigerte sich, obwohl er wußte, daß ihm das angelastet würde.

Allerhöchsten Zorn zog er sich kurz darauf während des Reichstagswahlkampfs zu. Hitler kam am 17. 2. 1933 nach Köln. Adenauer begrüßte ihn jedoch nicht am Flugplatz, weil Hitler nicht als Reichskanzler gekommen war, sondern als Parteiführer. Er duldete auch keine Hakenkreuzfahnen am Rathaus und ließ sie von der Rheinbrücke sogar herunterholen, wo sie von der SA ohne Erlaubnis gehißt worden waren. Es gab wenig Maßnahmen ähnlicher Kühnheit in jener Zeit.

Die braune Presse griff ihn an und forderte seinen Rücktritt. Man suchte, ihn mit Pensionszusagen zu locken – bzw. ihn einzuschüchtern. Adenauer blieb.

Am Tag der Kommunalwahl, die eine Woche nach den Reichstagswahlen stattfand, erfuhr er, daß eine SA-Gruppe ihn am nächsten Morgen beim Betreten seines Büros verhaften oder gar aus dem Fenster stürzen wolle. Er bat um Polizeischutz. Noch am Vorabend hatte der Polizeipräsident sein und seiner Offiziere Wort gegeben, Adenauer „bis zum letzten Mann zu verteidigen". Kaum vierundzwanzig Stunden später konnte er „leider gar nichts tun": Adenauer mußte fliehen.

Adenauer erkannte die Gefährlichkeit der Nationalsozialisten – und endgültig dann im Sommer 1934, als er im Zusammenhang mit der Röhm-Affäre verhaftet wurde. General Schleicher und seine Frau, die in der Nachbarschaft wohnten, wurden von einem SS-Kommando erschossen. Auch Adenauer rechnete damit, ‚auf der Flucht erschossen' zu werden. Er hatte Glück, wurde entlassen, aber er hatte seine Lektion nun definitiv gelernt.

Er machte bei keiner Widerstandsgruppe mit. Und das wurde und wird ihm von einigen verdacht. Zu Recht? Nach den schlimmen Jahren 1933 und 1934 hatte man ihm auch für 1935 raten müssen, häufig den Aufenthaltsort zu wechseln, immer auf der Hut. Da war kein Raum für Widerstand. Aber Adenauer exponierte sich auch in den folgenden ruhigeren Jahren nicht.

Hätten de Gaulle oder Ben Gurion, diese Frage stellt sich, die leidenschaftlicher waren als er und auch in scheinbar aussichtsloser Lage kämpften, hätten sie anders gehandelt?

Adenauer zweifelte an der Weit- und Vorsicht der Widerständler, die ihn zu gewinnen suchten. Er wurde überwacht. Wenn der Tyrann überhaupt zu stürzen war, dann nur durch die Wehrmacht; und da regte sich nichts.

Von sich aus beschwor Adenauer keine Situation herauf, bei der es um Leben und Tod ging. Er war kein Märtyrertyp. Er wäre, meine ich, wohl ein zuverlässiger Soldat gewesen; aber das Heldische lag ihm nicht. Das mag manchem als Mangel erscheinen.

Als er 1944 von der Gestapo erneut in Haft genommen wurde, wahrte er eine Zeitlang Gelassenheit und Würde. Aber die Furcht, noch vor dem Einmarsch der Amerikaner, die bei Aachen standen, liquidiert zu werden, steigerte sich so, daß er eine die Realitäten völlig verkennende Flucht antrat. Sie mißlang auch bald, hatte für einige, die ihm geholfen hatten, schwerwiegende Folgen und brachte auch ihn in eine gefährdetere Lage.

Befürchtungen (ich schrieb es schon) waren rasch in ihm geweckt, auch hinsichtlich der großen Politik. Und auch da plagten, ja marterten sie ihn vor allem, wenn Leben oder Tod auf dem Spiel standen. In den Jahren nach 1945 fürchtete er, wie viele Deutsche, daß die Sowjets auch die Bundesrepublik in ihre Gewalt bringen

Bundeskanzler Adenauer mit Präsident de Gaulle, 1961 (Foto oben); nach Unterzeichnung des deutsch-französischen Vertrages 1963 (Foto unten).

Konrad Adenauer während seines US-Aufenthaltes 1961; Vizepräsident Johnson überreicht einen Texas-Hut als Gastgeschenk.

General Lucius D. Clay in Bonn, 1962 (Foto oben);
Robert und Edward Kennedy zu Besuch bei Bundeskanzler Adenauer,
1962 (Foto unten).

Der amerikanische Präsident John F. Kennedy besucht während seiner Europareise (1963) auch die Bundesrepublik (Foto oben);
Bundeskanzler Adenauer in Washington (1962); Begrüßung vor dem Weißen Haus (Foto unten).

wollten; und das dürfte ihn, zumal er den Aufbau der kasernierten Volkspolizei in der SBZ überschätzte, dazu gebracht haben, schon vor dem Korea-Krieg, wie neue Forschungen ergaben, einen deutschen Verteidigungsbeitrag anzubieten. Den sowjetischen Kommunismus von Deutschland fernzuhalten, war (nach Meinung Carlo Schmids) Adenauers „oberstes Gebot"; und das hatte in des Kanzlers Befürchtungen vor diesem „gefährlichsten Feind" seinen Ursprung.

Im Rahmen dieser Darstellung kann auf Adenauers Verhalten in außergewöhnlichen Situationen nicht im einzelnen eingegangen werden, etwa beim Aufstand in Ostberlin 1953 oder beim Freiheitskampf der Ungarn 1956. Aber wie war es 1961 beim Bau der Mauer in Berlin?

Konnte er an jenem Schicksalstag etwas Vergleichbares tun wie de Gaulle der 1940, nur auf sich gestellt, das freie Frankreich ausrief – oder wie Churchill, der in verzweifelter Lage den Kampf gegen Hitler aufnahm – oder wie Ben Gurion, der Israel, allen Widerständen zum Trotz, nach zweitausend Jahren wiederschuf?

Nun, er hätte – um das Ergebnis vorwegzunehmen – die Teilung der Stadt und den Bau der Mauer nicht verhindern können. Was immer andere am Morgen des 13. 8. hätten versuchen können, Adenauer konnte nur den Rechtsbruch und die Brutalität der Maßnahme verurteilen und die eigenen Leute zur Besonnenheit mahnen – ich wies oben bereits darauf hin. Aber er hätte sofort nach Berlin fliegen müssen!

Daß er es nicht tat, hatte in meinen Augen nichts mit Mangel an persönlichem Mut zu tun, sondern mit anderen Gründen[21]) – unter anderem mit zu großen, d. h. fehlerhaften Befürchtungen.

Damit steht dieses Porträt vor einer weiteren wichtigen Doppelanlage: denn diesseits der Grenze von Leben und Tod war Adenauer verantwortungsfroh und mutig. „Angst ist ein schlechter Berater", war ein Kernsatz. Zivilcourage besaß er in hohem Maße.

Ein paar Beispiele, wie furchtlos er anderen entgegentrat und wie tapfer er seine Politik verteidigte, brachte ich bereits. Aber er bewies nicht nur in der Defensive Mut, sondern auch bei Entscheidungen für die Zukunft. Ein kühner Entschluß war die Regierungsbildung

1949. Man rechnete damals allgemein mit einer großen Koalition. Die SPD ging davon aus; den Besatzungsmächten schien sie selbstverständlich; auch unter den Führern von Adenauers eigener Partei hätte sie eine Mehrheit gefunden. Kaum sonst einer hätte das Risiko übernommen, wenn er es allein hätte tragen müssen. Nach dem beispiellosen Zusammenbruch sollte die Verantwortung auf möglichst viele Schultern verteilt werden. Adenauer indessen dachte anders. Er war überzeugt, daß er nur mit einer ziemlich homogenen Gruppe „eine klare Politik treiben" und Wege einschlagen konnte, die rasch aus dem Gröbsten heraus und auf gutes Land führen würden. Sein Entschluß, es mit der kleinen Koalition zu wagen, war außerordentlich couragiert; er selbst betrachtete ihn als einen seiner wichtigsten. „Es gibt keine Politik ohne Wagnis", sagte er.

Ein weiteres Beispiel dafür war Adenauers Entscheidung für Europa. Dabei wirkten natürlich auch andere Eigenschaften mit, wie Weitblick und Zähigkeit; ausschlaggebend aber war der Mut.

Zwar hatte man auch früher schon für den Zusammenschluß Europas plädiert. Warnend hatte man das Schicksal Griechenlands beschworen, das an der Unfähigkeit sich zu einigen, zu Grunde gegangen war. Aber in der Praxis hatte man es im Europa der letzten Jahrhunderte nicht viel besser gemacht und sich nur in Hegemonien versucht, in der Vorherrschaft der Spanier, Franzosen oder Deutschen über die andern; und diese Versuche waren, wie die der Hellenen, unter großen Opfern gescheitert... Ein *freiwilliger* Zusammenschluß auf dem Boden gleicher Rechte, ein Bund der Freien – das schien wie ein ferner Traum. Auch nach dem Zweiten Weltkrieg wäre wieder niemand aus der Deckung der Nationalinteressen herausgetreten und den Nachbarn, praktisch ungeschützt, entgegengegangen. Keiner hätte gewagt, als erster sein Geschick an das der andern zu knüpfen und mit ihnen gemeinsam ins Unbekannte hineinzutreiben. Adenauer hatte diesen Mut.

Die Abkehr von nationalistischen Vorstellungen war etwas ganz Neues. Die Überwindung der Einzelstaatlichkeit schuf gleichsam einen anderen Aggregatzustand. Die Hinwendung nach Europa war ein Schritt in eine unbekannte, neue Dimension. „Selbst ein Scheitern", schreibt Craig, „sollte die Großartigkeit dieses Versuchs nicht verdunkel dürfen."

Adenauer hätte den Zusammenschluß Europas natürlich nicht allein beginnen können. Gleichgesinnte Staatsmänner anderer Länder taten mit, an ihrer Spitze Robert Schuman – mit unvergessenem Verdienst. Aber gerade dieser schreibt, daß es „Adenauer war, von dem der Erfolg der europäischen Initiativen abhing". Schuman nannte ihn „den ersten Eidgenossen Europas". „Der Beitrag Schumans und de Gasperis", schrieb Salvador de Madariaga, „war von größter Bedeutung, der Adenauers aber war der entscheidende." „Ohne Adenauer wäre Europa nicht entstanden", erklärte Acheson 1962 und im selben Sinne äußerten sich Bech, Monnet, Spaak, Stikker und andere.[22])

Früher hörte man die Kritik öfters, und heute hört man sie noch gelegentlich, daß Adenauer eigentlich nur restauriert habe. Und sicherlich hat er auch das getan. Nicht der schlechteste Teil menschlicher Tätigkeit besteht darin, Gutes nachzuahmen oder wiederherzustellen. Aber der Kanzler tat mehr: Er ging auch neue Wege; ja, dieser nüchterne alte Mann hat buchstäblich revolutioniert!

Das gilt für viele Entscheidungen auf dem Gebiet der Innenpolitik, aber auch – zu den bereits erwähnten hinzu – auf dem der Außenpolitik. Dazu noch ein Beispiel: Ich schilderte bereits die massiven Versuche von vielen Seiten, den deutsch-französischen Vertrag zu verhindern. Nachdem er dank Adenauers Hartnäckigkeit doch zustande gekommen war, setzten die Gegner, voran die Amerikaner, alles daran, um ihn (mittels einer Präambel) zu verwässern oder, wie Golo Mann formulierte, ihn zu „nullifizieren". Auf die emotionsgeladenen Stürme, die uns von jenseits des Atlantiks und des Kanals entgegenschlugen, will ich hier ebensowenig eingehen wie auf die tiefgehende Verärgerung in Paris. Für uns galt es abzuwägen, was schlimmer war: die Erbitterung der Weltmacht Nr. 1 mit möglichen unangenehmen Folgen – oder die Zurückweisung unseres Nachbarlandes und damit der vorläufige Verzicht auf größere Mitsprache in der Weltpolitik und auf eine chancenreichere Zukunft. Die Mehrheit der deutschen Politiker und Öffentlichkeit entschied sich – so progressiv sich viele gebärdeten – für das Gewohnte. Sie wagten sich nicht aus den bekannten Wegen heraus.

Adenauer (und eine Minderheit) plädierten für den neuen, den unerprobten, aber zukunftsträchtigeren Weg. *Er* hatte den Mut und riskierte den Schritt in überschaubares, aber unbetretenes Land.[23])

Antriebskräfte

Ein wichtiger Schlüssel zum Kennenlernen eines Menschen sind seine Antriebskräfte. Das gilt auch für Adenauer. Und es ist nur natürlich, daß man sich angesichts des Übermaßes an Ärger, Anstrengungen und Kämpfen fragt, was ihn letztlich bewog, sie auf sich zu nehmen. Welche Kräfte und Überzeugungen beseelten ihn so, daß er bereit war, sich Angriffen von allen Seiten, Diffamierungen und Enttäuschungen auszusetzen und jahrzehntelang in ständiger Hochspannung zu arbeiten?

Eine dieser Kräfte war die Vaterlandsliebe. Das mag manchen erstaunen. Das heißt, niemand wird seine Bindung an Köln und das Rheinland bezweifeln; aber an das ganze Deutschland? Wie stand es mit Berlin? Und wie mit Preußen? Und wie mit dem immer wieder gemunkelten Vorwurf des Separatismus?

Adenauer hatte für den Staat Preußen sicher nichts übrig. Und wenn man unter Separatismus das Bestreben versteht, von Preußen loszukommen, dann war Adenauer sicher ein Separatist. Er wollte nach beiden Weltkriegen einen westdeutschen, von Preußen unabhängigen Staat. Unter Separatismus versteht man im allgemeinen aber die Herauslösung aus dem Reichsverband, und das hat Adenauer nach dem Ersten Weltkrieg nicht gewollt. Einen Pufferstaat oder gar Anschluß an Frankreich lehnte er ab. Eine Untersuchung der Nationalsozialisten, die ihm Separatismus nur zu gern angehängt hätten, kam zu negativem Ergebnis.[24]

Auch nach dem Zweiten Weltkrieg wollte Adenauer – von gewissen Oszillationen im Sommer 1945 abgesehen, die (nach dem derzeitigen Forschungsstand) weder zu belegen, noch auszuschließen sind – den Verbleib des zu schaffenden westdeutschen Staats im Reichs- bzw. Bundesverband; auch wenn Adenauer anfänglich eine ziemlich große Selbständigkeit der deutschen Teilstaaten ins Auge faßte. Seit Oktober 1945, als die Politik der Siegermächte klarer wurde, schwankte er dann nicht mehr, sondern steuerte eine bundesstaatliche Ordnung für die Teile Deutschlands an, die von den Westmächten besetzt waren.

Eine andere wichtige Frage in diesem Zusammenhang sind die verschiedenen Benennungen Adenauers zum Reichskanzler in der Weimarer Republik, vor allem die von 1926, als Adenauer praktisch nur noch zuzustimmen brauchte. Außer seinen politischen Freunden rieten ihm auch seine Frau und der bewährte Dannie Heineman zu. Aber Adenauer lehnte ab, weil die Regierungskoalition, die man ihm bot, in seinen Augen zu schwach für die Politik war, die er für erforderlich hielt. Aber hätte sich die Koalition, wenn er sich ernsthaft bemüht hätte, nicht vielleicht verbreitern lassen? Hätten seine Qualitäten zu führen und zu überzeugen, seine Position nicht rasch gefestigt? Welche säkularen Umbrüche und Zerstörungen, welch unermeßliches Leid wären uns und der Welt erspart geblieben?

Was bewog ihn abzulehnen? Die Freude an der unbestrittenen (und einträglichen) Führungsposition in Köln? Befürchtungen, in Berlin ‚verheizt' zu werden? Das berufliche und persönliche Risiko einer Minister- bzw. Kanzlerschaft ließ damals manchen besonders fähigen Mann zurückscheuen. Aber aus welchen Gründen er letztlich nein sagte, entscheidend ist, daß er sich noch nicht verpflichtet fühlte, für das deutsche Volk persönliche Risiken einzugehen und ggf. Opfer zu bringen.

Ich meine, daß er sein damaliges Nein später öfter bedauert hat. Die Worte, „daß man in der Regel alle Aufgaben übernehmen solle, die einem angeboten werden", (in einer Interview vom Oktober 1963) gehen in meinen Augen auf seine Entscheidung von 1926 zurück.

Vielleicht war es dieser innere Vorwurf, der seine Bereitschaft, an die Spitze des Ganzen zu treten, wachsen ließ. Vor allem waren es aber wohl das Scheitern der Weimarer Republik, die Nazi-Diktatur, die Verfolgung durch und für dieses Volk, der grausame Krieg und der furchtbare Zusammenbruch, die das Engagement in ihn hineingehämmert haben, nach 1945 die Wiederaufrichtung Deutschlands zu versuchen.

Von da an blieb sein Fühlen allerdings dem ganzen Volke zugewandt; die Intensität steigerte sich sogar – das ist jedenfalls mein Eindruck – selbst über die Bitterkeit des erzwungenen Rücktritts hinaus bis zu seinem Tod.

Er hielt uns für ein krankes Volk. Die letzten Generationen hatten zuviel mitmachen müssen. Die ungeheuren Anstrengungen, die Blutverluste in den beiden Weltkriegen, zwei Katastrophen, innere Umschichtungen, völlig gegensätzliche Regierungssysteme, widersprüchlichste Wertordnungen – es wäre für jedes Volk zuviel gewesen. Vor allem galt also: zur Ruhe kommen, ruhig und stetig werden, die heilenden Kräfte stärken. Adenauer war wie unser Arzt.

Er war kein Nationalist oder Chauvinist – aber er war ein Patriot. Entgegen anderen Bestrebungen stimmte er im April 1950 die dritte Strophe des Deutschlandlieds wieder an. Beim Abschluß des Montan-Vertrags fühlte er sich „ausgesprochen glücklich über den Erfolg für unser Vaterland". Und als 1953, beim ersten Staatsbesuch in den USA, auf dem Nationalfriedhof in Arlington, unter der deutschen Fahne, der Ehrensalut geschossen wurde, war er tief bewegt... Ihm war, „als wäre in jener Stunde unseren toten deutschen Soldaten ihre von der Welt geschmähte Ehre zurückgegeben worden".

In erster Linie ging es um die Freiheit der fünfzig (später sechzig) Millionen, die ihm direkt anvertraut waren. Sodann um den Frieden. Die Einheit der Deutschen rangierte unmittelbar danach an dritter Stelle. Adenauer wußte, daß die Wiedervereinigung nicht leicht zu erreichen war, es sei denn durch unseren Anschluß an den Osten – und vielleicht nicht einmal dann. Aber dieser Anschluß kam nicht in Betracht. Die Freiheit für und in unserem Teil Deutschlands hatte Vorrang, und zwar auch (wie oben dargelegt) zum Vorteil unserer Landsleute drüben, so schrecklich und schmerzlich es war, daß sie ein so viel schwereres Los zu tragen hatten als wir.

Die Wahrscheinlichkeit, daß es lange dauern könnte, bis wir die Wiedervereinigung erreichen, daß es auch schwierig würde, änderte nichts an Adenauers Bemühungen darum. Er wollte sie wirklich und hat ständig dafür gearbeitet: aus historischen, nationalen und

Gründen der Weltpolitik, auch wegen der Zukunft unseres Volkes und vor allem wegen unserer Brüder und Schwestern jenseits der Mauer. Es war ihm ernst, für jene mitzuhandeln, die „in einem entwürdigenden, unmenschlichen System der Freiheit beraubt waren". Und es war einfach ein Meisterstück, wie er die drei Westmächte und später alle Natostaaten dazu brachte, unsere Wiedervereinigung zum Ziel ihrer Politik zu machen und das *vertraglich* zuzusichern. Die USA allein bestätigten das nach 1954 zwölfmal offiziell.

Mit Gewalt war sie nicht zu erreichen; aber wir konnten eine Reihe von Voraussetzungen schaffen und intakt halten, bis sie durch eine Änderung der weltpolitischen Konstellation eines Tages möglich würde. Für den Augenblick, da ‚der Mantel Gottes durch die Geschichte rauschen würde', mußten wir bereit sein. Und für dieses „Offenhalten der deutschen Frage" hat sich Adenauer geschlagen wie wenig andere. Hatte man ihm Anfang der fünfziger Jahre vorgeworfen, daß er die Wiedervereinigung nicht über alles stellte, so warf man ihm Anfang der sechziger Jahre vor, daß er ihretwegen schwere Verstimmungen der Angelsachsen riskierte. Auf die zwei leidenschaftlichen (und erfolgreichen) Kämpfe 1962 und 1963, die er fast allein durchfechten mußte, habe ich oben hingewiesen.

So kritisch er uns sah, gegen andere nahm er uns in Schutz. „Wenn die Deutschen keine neuen Sünden begehen", sagte er 1962 zu Kennedy, „soll man ihnen die alten verzeihen."

Während seines Israel-Besuchs 1966 erfuhr Adenauer, daß Ministerpräsident Eschkol in einer offiziellen Rede unfreundliche Worte an die deutsche Adresse richten, Adenauer selbst allerdings ausdrücklich ausnehmen wollte. Adenauer trat dem auf der Stelle entgegen; er verlangte eine Revision des Textes, andernfalls er abreisen werde. Daraufhin strich Eschkol die beanstandeten Sätze, Adenauer seinerseits aber fügte einen nachdenklichen an: „Wenn guter Wille nicht anerkannt wird, kann daraus nichts Gutes entstehen."

Noch in der letzten Rede vor seinem Tod bat er die Welt, „über das deutsche Volk nicht zu hart zu urteilen". „Aus ganzer Seele möchte ich", erklärte er, „daß das deutsche Volk, von der Jugend bis zum Alter, wieder gesundet, damit das deutsche Volk wieder in die

Höhe kommt, nicht in die materielle Höhe, daran denke ich nicht, sondern in die geistige Höhe." „Das Entscheidende", so lauteten die letzten Worte, die Adenauer öffentlich gesprochen hat, „das Entscheidende ist: die Liebe zum Nächsten und die Liebe zu unserem Volk."

Das wirft die Fragen der Menschenverachtung und der Menschenliebe noch einmal auf. Wie immer Adenauer in der ersten Hälfte dieses Jahrhunderts gedacht haben mag, seit er Bundeskanzler war, fühlte er sich für das deutsche Volk verantwortlich. Auch wenn ihm nur ein Teil der Bevölkerung bei der Wahl die Stimme gab, empfand er nun für alle ähnlich wie ein Vater, nicht wie ein gutmütiger – das war er nicht – wohl aber wie ein sorgender Vater. In diesem Sinne hat er, nach Auffassung Lord Pakenhams, sein Volk geliebt. Und wer seine Memoiren unvoreingenommen liest, namentlich den zweiten Band, spürt, daß es in der Tat eine Art Liebe war, jedenfalls Verantwortungsgefühl für die ihm Anvertrauten, das ihn „immer wieder trieb, das anscheinend Aussichtslose zu versuchen".

Seine Erinnerungen hat er „seinem Vaterland" gewidmet.

In Adenauer wirkten natürlich auch profanere Antriebskräfte. Aus seiner Oberbürgermeisterzeit werden ihm erhebliche Kaltschnäuzigkeit beim Geldverdienen und riskante Aktienspekulationen nachgesagt sowie hartnäckige Versuche, die dabei entstandenen Schulden auf andere mit-abzuwälzen. Aus seiner Kanzlerzeit ist Vergleichbares nicht bekannt und dementsprechend auch keine negativen Auswirkungen auf sein Ansehen und sein Werk.

Sein Ehrgeiz galt immer als mächtig – auch wenn er bei genauerem Hinschauen ein komplexes Bild bietet.

Da ist sein Geltungstrieb zu nennen, als Kunstkenner zum Beispiel; andere belehrend; nicht immer in gewinnender Weise. Er wollte imponieren, zumal Frauen; wollte als Mann von Welt gelten und überhaupt beachtet werden – zuweilen wurde das überdeutlich. Zwar wollte er (im engsten Kreis) ganz gern auch mal bedauert werden, im Grunde aber als einer angesehen sein, der allem gewachsen ist, mit schier unerschöpflichen Kräften.

Manchmal erkannte er neidlos an; aber wenn ein Dritter auf Gebieten gelobt wurde, auf denen Adenauer selbst glänzen wollte, konnte er sich recht abfällig äußern. Auf Männer, die ihm ins Gehege kamen, war er eifersüchtig; Konkurrenten gegenüber war er mißgünstig; und auch über Bismarck äußerte er sich, wenn es spontan geschah, selten objektiv.

So groß, zu groß, sein Geltenwollen in mancher Hinsicht war – von seinen *Leistungen* machte Adenauer andererseits zu wenig her. Von der „unendlichen Arbeitslast", die er als Kanzler zu tragen hatte, habe ich ihn zum erstenmal *nach* seinem Rücktritt sprechen hören. Es dürfte wenige Memoiren vergleichbarer Autoren geben, die so ‚zurückhalten'; sie bringen kaum etwas über das Äußere des hohen Amtes, weder über die Strapazen noch über den Glanz; sie sprechen wenig von den eigenen Verdiensten. Viele andere hätten ihre Erfolge sicher ausführlicher geschildert und wesentlich wirkungsvoller ins Licht gerückt.

Adenauer wollte aber nicht nur als Erster gelten, er wollte auch Erster sein. Er drängte nach vorn und nach oben – auch das allerdings nicht ohne Maß. Während der langen Jahre als erster Beigeordneter in Köln mußte er das Stadtoberhaupt häufig vertreten; die Fäden der Verwaltung liefen in seiner Hand zusammen. Aber Adenauer blieb loyal und versuchte nicht, den Oberbürgermeister zu verdrängen.

Ehrgeiz allein rechtfertigte in seinen Augen nicht den Griff nach der Macht. Wer sie wollte, mußte „sich vorher genau prüfen oder nachher büßen". „Wer sich zuviel vornimmt", sagte er, „der ist nicht zuverlässig."

Dieser richtige Satz galt freilich nicht – auch nicht in Adenauers Augen – für die (bereits erwähnten) Möglichkeiten, Reichskanzler zu werden. Die Gaben dafür hätte er wahrlich gehabt! Die Tatsache indessen, daß er die Angebote ablehnte, – (ein Komplex, der noch viel genauer ausgeleuchtet werden sollte) – besagt (über das oben Festgestellte hinaus) in dem hier interessierenden Kontext, daß Adenauer jedenfalls keinen brennenden Ehrgeiz hatte. Hätte er ihn gehabt, wäre er 1926 Reichskanzler geworden!

Wir dürfen also feststellen, daß Adenauer in seinem Kreis darauf drängte, der Erste zu sein, daß er aber über seinen Kreis hinaus nicht unbedingt in noch höhere Kreise strebte; er wollte nicht unbedingt der Erste von allen sein.

1945 wollte er „mit Sicherheit nichts Höheres werden, als noch einmal Oberbürgermeister von Köln". Erst als ihn die Engländer im

Oktober desselben Jahres absetzten und er langsam auf das eigentlich politische Feld geriet, erst als nicht mehr das Rheinland die Bühne war, sondern die ganze Bundesrepublik, fing Adenauer an, sich für deren Spitze zu interessieren. Als er merkte, daß er einen besseren Weg wußte als andere, und daß er auch besser zu führen verstand, griff er zu - dann allerdings auch entschieden.

Nahe beim Ehrgeiz liegt der Macht-Geiz.
„Wer von der Politik einmal gegessen hat", sagte der Kanzler wenige Monate vor seinem Rücktritt zu japanischen Besuchern, „der möchte mehr und immer mehr. Politik ist eine Leidenschaft. Sie kann zum Laster werden, wenn man sich ihr zu sehr ergibt." Zeitweise war sie sein Laster, und jedenfalls war sie seine Leidenschaft. Als ihm 1962 in Cadenabbia von seiner Begleitung versehentlich erst sehr spät gemeldet wurde, daß Dufhues (ohne ihn zu fragen) in Bonn eine Sitzung des Parteipräsidiums anberaumt hatte - worin Adenauer eine Gefährdung seiner Position witterte - bekam er einen der wenigen Wutausbrüche, die von ihm bekannt sind.

Er hatte einmal geäußert, daß er in der Ausübung der Macht „nicht gerade pingelig" sei; das Wort war munterer Laune entsprungen und von den meisten auch so verstanden worden. Von seinen Kritikern freilich wurde es als Eingeständnis bedenkenlosen Machtgebrauchs verübelt. Man kreierte für seinen Führungsstil Begriffe wie „Demokratur" oder „Diktatrie"; von „Kanzlerdemokratie" wurde oft gesprochen. Man stichelte: Wieder einmal habe der Bundeskanzler einer Besprechung im kleinsten Kreis präsidiert, an der nur der Außenminister Adenauer sowie der Verteidigungsminister gleichen Namens teilgenommen hätten; später habe man noch den Parteivorsitzenden hinzugebeten, ebenfalls einen Adenauer.

Man weiß inzwischen, daß Adenauer auf Gebieten, für die er die Zustimmung des Kabinetts oder des Parlaments brauchte, viel weniger ‚einsame Entschlüsse' faßte, als ihm nachgesagt wurde. Fragen freilich, für welche er allein zuständig war, entschied er rasch und sicher. Die ‚Richtlinien' bestimmte er, da gab es keinen Zweifel. „Um zu führen", meinte er, „muß man vor allem den eigenen Willen klar zu erkennen geben." Daran ließ er es nicht fehlen. Er regierte nicht diktatorisch, aber fest. „Wo er erschien, wuchs ihm die Führung zu", sagte Dehler noch Jahre nach dem bitteren Bruch. Augstein nannte ihn einen geborenen Führer.

Für einen Regierungschef ist es wesentlich, ständig Entscheidungen treffen zu können, kleine und große, an manchen Tagen hunderte. Adenauer hatte diese Gabe. Und Monnet nannte ihn u. a. deshalb den bedeutendsten Mann unseres Jahrhunderts, „weil er, während andere diskutiert oder interpretiert hätten ... Entscheidungen getroffen habe". Noch nach anstrengendsten Tagen hatte Adenauer die Kraft zu großen Entschlüssen. Sie waren für ihn, wie er selbst wiederholt bestätigte, keine Last. So ergriff er am späten Nachmittag des 2. 6. 1962 binnen zwei Stunden zwei wichtige und kühne Initiativen: der Sowjetunion schlug er einen ‚Burgfrieden' vor und de Gaulle ein engeres Zusammengehen, wobei der Kanzler Frankreich eine gewisse Führungsrolle zugestand.[25]

Nimmt man hinzu, daß Adenauer nicht nur entscheiden und regieren konnte, sondern auch viel von Verwaltung verstand – was für einen Regierungschef sehr wichtig ist – so wundert es nicht, daß ihm die Macht, die er so erfolgreich handhabte, zur Gewohnheit, ja zum Bedürfnis wurde.

Wie groß sein Machttrieb auch war – er blieb auf die Bundesrepublik begrenzt. Der Kanzler war im Kreise der westlichen Regierungschefs rege, aber er versuchte nicht zu dominieren. Im Rahmen der Sechs lehnte er den ersten Platz für sich oder die Deutschen ab. Er bewies damit nicht nur Weisheit, sondern auch – was ihm viele nicht zugetraut hätten – erheblichen Mannschaftsgeist. In der Zusammenarbeit mit Frankreich begnügte er sich mit der Position des Juniorpartners; „denn wir haben das Ansehen Frankreichs nicht, und die Amerikaner und Engländer stehen den Franzosen, trotz derer Eigenwilligkeiten näher als uns".

Er mühte sich unablässig, die Bande zwischen den freien Völkern enger zu knüpfen. Bei de Gaulle äußerte er sich positiv über Kennedy (und umgekehrt), berichtete von anerkennenden Worten des anderen, behielt kritische für sich und versuchte, dem einen die Pläne des anderen verständlich zu machen ... er beschwor die Gemeinsamkeit.

Und schließlich konnte er von der Macht auch lassen. Nach der Fraktionssitzung, auf der Erhard zum Nachfolger nominiert wurde (April 1963), kam Adenauer ins Palais Schaumburg zurück. So tapfer er gegen die große Mehrheit gestritten hatte, nun war er ruhig. „Am Schluß hatte die Sache etwas Versöhnliches", sagte er zu mir, „das ist gut so... einmal muß es ja sein."

An sein Rücktrittsversprechen hat er sich, wie Mende sagte, „großartig gehalten".

So falsch es also wäre, Adenauer machtgierig zu nennen, so falsch wäre es, bemänteln zu wollen, daß er Macht gern hatte. Während Truman als glücklichsten Tag im Weißen Haus den bezeichnete, an dem er es verließ, erwiderte Adenauer auf eine entsprechende Frage, daß der Einzug in das Palais Schaumburg für ihn der schönste Tag gewesen sei.

Von Disraeli heißt es, er habe sich schon in der Jugend zu der Gewohnheit erzogen, als Premierminister zu denken. So hatte sich Adenauer nicht erzogen.

Nach de Gaulle gewinnen nur die Ruhm, die davon träumen; danach würde Adenauer nicht viel gewonnen haben.

Manche drängen an den ersten Platz, des Glanzes und des Beifalls wegen. Es geht ihnen darum, an der Spitze *zu sein* – Adenauer ging es vorwiegend darum an der Spitze *zu wirken*. Er hatte nicht nur Schaffenskraft, sondern auch Schaffens*lust* - so wie es der gesunden Kreatur eben Freude macht, tätig und rege zu sein. „Sich ganz auszuwirken mit den Kräften des Verstandes und der Seele", sagte Adenauer in seiner Antrittsrede als Oberbürgermeister (am 18. Oktober 1917) „mit seiner ganzen Persönlichkeit schöpferisch tätig sein zu können, ist der schönste Inhalt menschlichen Lebens."

Ich halte das für ein Schlüsselwort.

Adenauer wollte seine Arbeit gut machen. Er nannte das „sachlichen Ehrgeiz"; man kann es auch Leistungswillen nennen, nämlich den Willen, jede Aufgabe, die zu seinen Pflichten zählte oder die er sich selbst gestellt hatte, so gut wie irgend möglich zu erledigen. Ehrgeiz, Schaffenslust und Verantwortungsgefühl (auf das ich weiter unten eingehen werde) strömten zusammen und verschmolzen zu dem Willen, das Beste zu leisten. Wie unterschiedlich man die Anteile der genannten Antriebskräfte auch ansetzen mag, der schier unbändige Wille, seine Arbeit so gut wie irgend möglich zu machen und das Höchste aus sich herauszuholen, war unter den profanen Antrieben in Adenauer die mächtigste Kraft.

Während es mit Köln seit Jahrhunderten langsam bergab gegangen war, brachte Adenauer die Vaterstadt gleichsam über Nacht wieder in eine Spitzenposition. Als Bundeskanzler vollbrachte er dasselbe für das ganze Land.

Wie hatte es 1945 ausgesehen?

Deutschland hatte einen Zusammenbruch erlitten, so total wie der Krieg gewesen war. Es war zerschlagen und von den Siegermächten besetzt. Ein Viertel war praktisch schon abgetrennt. In den Großstädten war jedes zweite Haus eine Ruine, der Rest beschädigt. In Köln standen noch dreihundert heile Häuser – von fast sechzigtausend! Die Industrieanlagen waren großenteils zerbombt; von denen, die noch intakt waren, wurden die besten demontiert. Die Produktion war auf ein Drittel der von 1938 abgesunken.

Fast die Hälfte der Verkehrseinrichtungen war vernichtet. Auf deutscher Seite waren zehn Millionen Menschen gefallen, umgekommen oder verschleppt. Zwölf Millionen waren aus ihrer Heimat im Osten geflüchtet und suchten Unterschlupf in dem verelendeten Westen. Es gab Millionen Kriegsversehrte, Witwen und Waisen; Millionen darbten noch in Kriegsgefangenschaft.

Die Lebensmittelrationen sollten im November 1946 noch unter 1000 Kalorien täglich gesenkt werden. Die Hälfte der zehnjährigen Schüler war an Tuberkulose erkrankt. Hilflos hörte man von Plänen gewisser Siegerkreise, Deutschland endgültig zu teilen, das Industriegebiet herauszuoperieren und dort, wo Schornsteine geraucht hatten, in Zukunft Schafe weiden zu lassen.

Und neben diesem Elend gab es Schiebungen und Schwarzmarkt, Sittenverfall. Eine Ordnung war hinweggefegt. Und viele sahen uns ohne Mitleid „im Strome treiben, wie einen fast schon Ertrunkenen".

Und doch waren wir noch einmal davongekommen! Nicht nur aus eigener Kraft, zugegebenermaßen. Die freien Völker hatten geholfen, voran die Amerikaner. Das deutsche Volk hatte mitgewirkt. Es bewies, wie Adenauer wiederholt äußerte, „Starkmut und unverdrossenen Fleiß". Anders als nach dem Ersten Weltkrieg lehnte es Radikalismen ab. Die Hilfsbereitschaft im überschaubaren Kreis war groß. Ebenso wichtig war freilich die kluge, weitsichtige und tatkräftige Führung.

Direkt nach Antritt der Regierung erreichte Adenauer eine weitgehende Einstellung der Demontagen. Die soziale Marktwirtschaft weckte ungeahnte Energien. Einige spektakuläre Erfolge der ersten Legislaturperiode wurden oben bereits erwähnt. Die unbeirrte Westpolitik hatte steigenden Wohlstand zur Folge. Wir wurden so stark, daß wir anderen Völkern helfen konnten. Wirtschaftliche Fortschritte führten zu politischen, innenpolitische zu außenpolitischen und umgekehrt. „Das Maß an Erfolg war fast unbegreiflich" (Golo Mann).

Wer dachte 1963 noch der tiefsitzenden Befürchtungen der ersten Nachkriegsjahre? als viele gebangt hatten, die Flut aus dem Osten werde auch vor uns nicht haltmachen; noch einmal werde es flüchten heißen – oder sich einrichten unter einer zweiten Diktatur... und diesmal einer Fremdherrschaft?

Wer hätte 1945, als Pläne einer vierzigjährigen Besetzung Deutschlands im Schwange waren, zu hoffen gewagt, daß wir schon 1952 praktisch wieder souverän waren?

Hätte man nicht als Narren abgetan, wer prophezeit hätte, wir würden von denen, die uns 1945 zu Boden geworfen hatten, zehn Jahre später als gleichberechtigte Partner im westlichen Verteidigungsbündnis begrüßt und hätten maßgebenden Einfluß auf die Politik in Westeuropa und gar in den USA?

Adenauer hatte einen Weg gesehen, wie wir aus dem Abgrund, in den wir gestürzt waren, wieder herauskommen konnten. Er war vorangegangen, hatte gemahnt, gestützt und sein Volk in atemberaubenden Anstieg – und gegen die Wahrscheinlichkeit – wieder in die Höhe gebracht, in eine Höhe, die zum Staunen der Welt wurde. Durch ihn erhielten wir noch einmal die Chance, zu den anderen aufzuschließen und unsere und die Zukunft der Menschheit nach dem Maß unserer Fähigkeiten mitzugestalten.

Und so sehr die Menschen dazu neigen, Verbesserungen ihrer Lage sehr rasch als selbstverständlich zu empfinden, der Aufstieg unter Adenauer war so beispiellos, daß die Deutschen ihn ihm auch zurechneten, und daß noch heute viele dafür dankbar sind, was er „unter Anspannung aller Kräfte" praktisch aus dem Nichts geschaffen hat.

Verantwortungsbewußtsein und Politik aus christlichem Geist

Bei der Schilderung von Adenauers Intelligenz nahm ich den Scharfsinn und Weitblick aus dem Bündel der Geistesgaben heraus und behandelte sie in einem eigenen Kapitel, weil sie zu Adenauers historischer Leistung besonders viel beigetragen haben. In derselben Weise und aus demselben Grund stelle ich nun das Verantwortungsbewußtsein gesondert dar, die in meinen Augen wichtigste – noch vor dem Leistungswillen – Antriebskraft Adenauers.

„Ich habe den Wunsch", hatte er 1953 in einer Wahlrede gesagt, „daß später einmal, wenn die Menschen über den Nebel und Staub dieser Zeit hinwegsehen, von mir gesagt wird, daß ich meine Pflicht getan habe." In seinem Bericht „Aus meinem Leben" (Schallplatte) nannte er das Pflichtgefühl „sein oberstes Gesetz". Er meinte, daß ‚man das Seinige tun müsse, damit die Zukunft ruhiger, geebneter und friedlicher werde'; daß ‚man mitsorgen müsse, daß Andere größere Glücksmöglichkeiten finden'. Wo immer ihm die Aufgaben auch zuwuchsen, in der Familie, der Vaterstadt oder dem Vaterland, fühlte er sich verpflichtet beizutragen, „daß sich auch in dieser Welt die von Gott gewollte Ordnung durchsetzt".[26]

Adenauer wollte vor den Zeitgenossen bestehen, vor der Geschichte ... und vor Gott.

Er hatte nichts Missionarisches; dazu war er zu nüchtern und zu distanziert. Er hatte auch kein Sendungsbewußtsein im Sinne einer persönlichen ‚Auserwählung'. Aber er hatte das Gefühl der Verantwortung vor dem Höchsten ... sehr zurückhaltend nach außen, aber im Innern gebunden und im Religiösen gründend.

Niemand wird sagen können, welchen Inhalt Adenauers religiöse Überzeugungen im einzelnen hatten und wie weit sie jeweils gingen. Für dieses Charakterbild genügen aber auch einige Linien.

Der Kanzler war kein kirchenfrommer oder klerikaler Mann. An religiösen Gepflogenheiten hielt er jedoch fest, z. B. am Sonntagsgottesdienst, auch in Rußland. In der Beschäftigung mit metaphysischen Fragen sah er „die Wurzel der Persönlichkeitsbildung". Religiöse Themen bewegten ihn bis an sein Ende.

Im Sommer 1963 besuchte ihn Billy Graham, der bekannte baptistische Evangelist, und erzählte von seinen ‚Kreuzzügen'. Adenauer war sehr freundlich. Ihm gefiel die frische Art des Hünen; die völlige Glaubensgewißheit, die aus den Worten des Gastes sprach, ließ ihn jedoch kritischer werden. Eine entscheidende Frage, warf er deshalb nach einiger Zeit ein, sei die nach der Auferstehung. Nun, Graham war auch in diesem Punkte ohne jeden Zweifel. Der Alte hörte weiter zu, bis er das Gespräch, anderer Besucher wegen, beenden mußte. „Ich freue mich über alle, die Menschen zu Gott führen", sagte er, während er Graham zur Tür begleitete, „aber nehmen Sie mir bitte eine Bemerkung nicht übel: wenn ich sehe, wie sicher Sie im Glauben sind, bin ich froh, daß ich katholisch bin." Billy Graham fehlten die Worte. Der Alte lächelte: „Wissen Sie, als Katholik muß man nicht so sicher sein; da genügt es, daß man den aufrichtigen Wunsch hat, glauben zu können ... Glauben ist eine Gnade, die man nicht erzwingen kann."

Nach Adenauers Ansicht vermag auch die fortgeschrittenste, die christliche Lehre ‚das Eigentliche', Gott, ‚das, was hinter allem ist' nur unvollkommen darzustellen. Er war in manchem Punkt skeptisch. Aber er hatte den „aufrichtigen Wunsch" und letztlich eine innere Sicherheit.

Das Bild des Gekreuzigten an seinem Sterbebett hat er oft angeschaut. Die Stunde am See Genezareth (während seines Israelbesuchs 1966) hatte sich ihm tief eingeprägt.

1963, kurz vor dem Rücktritt, fragte ihn Sulzberger nach dem Tod. Er könne sich nicht vorstellen, erwiderte der Kanzler, daß nach dem Tod nichts mehr sei. Das, was wir Geist, Leben, Seele nennen, werde irgendwie existent bleiben. Im Grunde sei das Entstehen des Lebens ein ebenso großes Geheimnis wie der Tod.

Als er Anfang Zwanzig gewesen war, hatte Adenauer eine religiöse Krise durchgemacht. Dabei hatten ihm die Bücher Hiltys sehr geholfen, eines Schweizer Juristen und Philosophen, übrigens eines Protestanten. „Handele recht", lautete dessen Rat, „so wirst Du bald glauben können." Nicht das Studium der korrekten Lehre sei der beste Weg, sondern das ‚praktische Christentum', das *Handeln* aus christlichem Geist. Nach dieser Maxime, die seinem Wesen entgegenkam, hat sich Adenauer dann in einem Maße gerichtet, wie es ihm, dem Realisten und ‚Machtmenschen' kaum jemand zugetraut hätte.

Aber es war sein Geschäft gewesen, und er hatte sich immer dazu bekannt. Er wußte, wieviel Kraft, Robustheit und Opfer es kostet, eine einigermaßen anständige Politik zu machen; aber er wußte auch, daß es für die Zukunft der Menschen nichts wichtigeres gibt. Wenn es auf lange Sicht gut gehen soll, dann muß sich, davon war Adenauer überzeugt, die Politik an sittlichen Normen orientieren.

Dafür war die Aufrichtigkeit ein wesentliches Element. Der Kanzler meinte, daß man auch in der Politik nicht lügen dürfe; schon aus Klugheit nicht; denn man könne nicht behalten, was man wem alles erzählt habe. Selbst Notlügen hielt er (theoretisch) für unzulässig; „denn man ist immer in Not". Auch Verschweigen war nicht recht, wohl aber Schweigen: „in der Politik kann man nicht immer alles sagen; aber was man sagt, muß wahr sein." Er selbst, meinten manche, handele freilich nicht immer so. Je nach Lage halte er es mit der ‚einfachen', der ‚reinen' oder der ‚lauteren' Wahrheit. Und er steckte in der Tat voll Schläue und Durchtriebenheit. Entscheidend war jedoch, daß er in den wesentlichen Dingen zuverlässig war. Er ging im täglichen Geschäft auch krumme Wege, die versprochene Richtung hielt er jedoch unverbrüchlich ein. Er gab nicht vor, nach ‚blau' zu führen, während er in Wahrheit unmerklich nach ‚gelb' lenkte. Denen, die ihm folgten, schenkte er reinen Wein ein. „Die Leute wissen", sagte er zu Guttenberg, „daß sie mir glauben können. Ich werde ihnen auch jetzt nichts vormachen."

„Man darf das Vertrauen der Freunde nicht verlieren", meinte er, „das ist in der Politik einfach entscheidend."[27])

Auch in der Außenpolitik. „Eine Außenpolitik, die sich auf Verstellung und Unwahrhaftigkeit stützt", sagte er, „ist die denkbar schlechteste. Klarheit, Aufrichtigkeit und Vertrauen hingegen werden honoriert." Nach Robertson, der als Hoher Kommissar und Botschafter fünf Jahre lang mit ihm verhandelt hatte, hat Adenauer ihn „kein einziges Mal getäuscht". Der Kanzler habe seine Zusagen, erklärten Acheson und Ben Gurion, bis zum letzten Buchstaben erfüllt und sei unnachsichtig gegen Untergebene gewesen, die sie verwässern wollten. Adenauers Aufrichtigkeit und Verläßlichkeit waren wesentlich daran beteiligt, daß wir Deutschen nach so kurzer Zeit wieder in die Familie der Völker aufgenommen wurden.

Aufrichtigkeit und Verläßlichkeit sind Markenzeichen der Kooperation. Wer an vertrauensvoller Zusammenarbeit indessen nicht wirklich interessiert ist, wer dominieren und die Geschäftsbedingungen einseitig diktieren will, der wird auch mit Unaufrichtigkeit operieren und das sogar für besonders klug und nützlich halten. Die Menschen mit Halbwahrheiten, Doppelzüngigkeiten und massiven Lügen *bewußt* irrezuführen, war auch das, was Adenauer den Nazis übelgenommen hatte und nun den Kommunisten. Einer der Hauptgründe, weshalb er den Kommunismus ablehnte und bekämpfte, war, daß sie - der Macht wegen - in den entscheidenden Fragen betrogen, ja daß sie, „die Täuschung zu ihrem Beruf gemacht haben".[28])

Der zweite Grund - und er hing mit dem ersten zusammen -, weshalb der Kanzler die totalitären Lehren ablehnte, war die Unterjochung des Einzelnen. Die Nationalsozialisten hatten zwar von ‚Volksgemeinschaft und vom Wohl der Volksgenossen' geredet; in Wahrheit lag den braunen Führern aber nicht viel an ihren Mitbürgern, sondern nur an ihrem eigenen Wohl, an der Macht und der Durchsetzung ihres Willens. ‚Im Namen des Führers' war ‚gleichgeschaltet', waren Gegner in Konzentrationslagern geknechtet, Kritiker zum Verstummen gebracht, die Juden vernichtet worden. Die Mißachtung des Einzelnen, das Mit-Füßen-treten von Recht und Moral seitens der Gewalthaber und die Vergötzung der Macht seitens vieler, waren in Adenauers Augen die eigentlichen Ursachen unseres furchtbaren Falls.

1945 hatte zwar ein Aufatmen, aber keine Erlösung gebracht. Der Kampf mit dem atheistischen Materialismus, vor allem auf geistigem Gebiet, ging weiter und würde noch Jahrzehnte dauern. Adenauer hielt ihn für die „entscheidende Auseinandersetzung unserer Zeit". Zwar gaben auch materialistische Lehren vor, das Glück und die Befreiung der Menschen zu wollen; aber in Wirklichkeit gab es selten schlimmeren Zwang. Der atheistische Materialismus „vergottete" in Adenauers Augen den Staat und gab „ihm und seinen Funktionären die ganze Gewalt über die Menschen"; das Individuum zählte nicht. Man schuf für die Menschen kein Paradies, „sondern degradierte sie zu willenlosen Elementen eines Termitenstaates".

Auch der Sozialismus, meinte Adenauer, führt zur Unterwerfung unter das Kollektiv. „Wer den Klassenkampf propagiert, ist ein Feind der Freiheit der Einzelperson; er bereitet zwangsläufig den Weg der Diktatur vor", und „es gibt nichts grausameres als das Leben in einer Diktatur."[29]

Im Gegensatz zur materialistischen stellte die christliche Auffassung den Menschen in den Mittelpunkt alles Geschehens. Weil er von Gott stammt und Ihm verantwortlich ist, besitzt er einen Wert und eine Würde, die auch das Kollektiv respektieren muß.

Die Menschen sollten nicht des Eigentums beraubt und dadurch abhängig, sondern durch weite Streuung von Besitz selbständiger werden. Jeder sollte „ein Haus haben und ein Stück Land". Machtzusammenballungen in der Hand weniger - auch des Staates oder der Gewerkschaften - sollten verhindert werden. Nicht Vermassung war das Ziel, sondern Persönlichkeiten, gesunde Familien und eine breite Mittelschicht.

Während die Nationalsozialisten und Kommunisten gewisse Gruppen aufgewiegelt hatten, um sich von ihnen an die Macht tragen zu lassen - war die Versöhnung von Klassen und Konfessionen, war Eintracht Adenauers Ziel. Die neue Partei sollte in allen Schichten verwurzelt sein. Sie sollte nicht katholisch und nicht evangelisch sein, auch „keine kirchliche Partei", sondern sollte „im weiten christlichen Boden wurzeln"; nur dann wäre sie in der Lage, „Deutschland mit festen Grundsätzen wiederaufzurichten und es von innen heraus gesunden zu lassen". Gegen alle Bedenken, die neue Partei christlich zu nennen, blieb Adenauer unerbittlich und schrieb obenstehende Thesen mit eigener Hand in das Grundsatzprogramm der CDU von 1946.[30])

Christliche Gesinnung allein genügte natürlich nicht; sie mußte in die Tat umgesetzt werden.

Großtaten aus dem Geiste der Versöhnung waren der bereits erwähnte Brückenschlag zwischen den Klassen und der zwischen den Konfessionen.

Direkt nach dem Kriege schickte Adenauer – noch als Oberbürgermeister – Kölner Stadtomnibusse nach Buchenwald, Dachau und Theresienstadt, um die mißhandelten Überlebenden aus den Konzentrationslagern heimzuholen.

In den ersten Kanzlerjahren verlangten zwei der drei Hohen Kommissare die Schließung unserer Grenze nach der SBZ, weil wir ohnehin schon zu viel Arbeitslose in der Bundesrepublik hatten. Adenauer jedoch weigerte sich. Mochte Stalin die Ausweisungen auch planmäßig betreiben, um uns vor unlösbare wirtschaftliche Schwierigkeiten zu stellen und auf diese Weise ‚sturmreif' zu machen: der gequälten Menschen wegen hielt Adenauer die Grenzen offen!

Die materiellen Verluste, die Deutschland im Zweiten Weltkrieg erlitten hatte, wurden 1951 (für das ganze Land) auf zweihundert Milliarden DM geschätzt – das gesamte Vermögen in der Bundesrepublik hingegen nur auf neunzig Milliarden DM. Die Schwierigkeiten, die sich einem Lastenausgleich entgegenstellen mußten, waren mit Händen zu greifen. Zusammen mit anderen Politikern brachte Adenauer ihn gleichwohl zustande: eine Vermögensverschiebung größten Ausmaßes! „ein großartiges, wohl beispielloses und nicht genug gewürdigtes Werk der Solidarität". „Christlichem Denken hatte man bewußt Raum gegeben."

Ein weiterer Fall, „christliche Grundsätze in der Politik anzuwenden", war die Wiedergutmachung, vor allem die an den Juden und gegenüber Israel. Adenauer empfand sie in erster Linie als moralische Verpflichtung; Ben Gurion bestätigte das: Adenauer habe „nach besten Kräften und großzügig wiedergutmachen wollen". Dabei störten den Kanzler Proteste jüdischer Kreise ebensowenig wie arabische Drohungen mit Sanktionen. Es kriselte auch in seiner Koalitionsregierung: Die Deutsche Partei lehnte das Abkommen geschlossen, die FDP zum Teil ab; aber Adenauer brachte es dennoch durch. „Man mußte nur durchhalten", sagte er 1965 im Rückblick auf jene kritische Zeit. Die Juden wußten, daß der Vertrag ihm allein zu verdanken war. Für die Wiederherstellung unseres Ansehens in der Welt war er mitentscheidend.

Der Kanzler brachte die Kriegsgefangenen aus Rußland zurück und setzte sich für politische Häftlinge in der DDR ein.

Sein Einsatz für die Wiedervereinigung und das Selbstbestimmungsrecht hatte – wie ich bereits erwähnte – mehrere Gründe. Ein sehr wichtiger aber war der Wunsch, unseren Landsleuten jenseits der Elbe ein freieres, menschenwürdigeres Leben zu ermöglichen. Und in diesem Geiste sprach er den berühmt gewordenen Satz, daß „wir bereit sind, über vieles mit uns reden zu lassen, wenn unsere Brüder in der Zone ihr Leben so einrichten können, wie sie wollen."[31])

Verschiedene Zeiten rücken verschiedene Grundwerte in den Vordergrund. Die Nazidiktatur und ihre furchtbaren Folgen hatten die Bedeutung der Freiheit ganz hell ins Bewußtsein gebracht. Bei der Neuordnung kam daher den Grundrechten eine zentrale Stellung zu. Sie durften nicht nur auf dem Papier stehen, sondern mußten unzerbrechbar sein. Die Väter des Grundgesetzes, und Adenauer war einer der maßgebenden, bauten den Staat gewissermaßen um die Individuen ‚herum'. Nie zuvor gab es so viel freie Lebensluft. Und es galt, wachsam zu sein und alles abzuwehren, was die Freiheit wieder einengen oder den Einzelnen wegradieren konnte. Deshalb trat Adenauer allen Versuchen, Kollektivdruck oder -zwang aufzubauen, entschieden entgegen. Deshalb war „das Fernhalten des sowjetischen Kommunismus für Adenauer das oberste Gebot" (Carlo Schmid).

Man sollte aber auch über die Grenzen hinweg – natürlich ohne Blutvergießen zu riskieren – für die Freiheit anderer mit-einstehen. Man sollte sich bekennen. „Frieden ohne Freiheit gibt es nicht", erklärte der Kanzler, „das ist ein Kirchhofsfrieden."

Das Wachsen der Freiheit war für ihn gleichbedeutend mit dem Fortschritt der Menschheit. In der nichtendenwollenden Auseinandersetzung zwischen Unabhängigkeit und Knechtschaft hatte er eindeutig Stellung bezogen. In seiner Abschiedsrede in Berlin (1963) nannte er es „den Sinn des Lebens, den Kindern und Enkeln die Freiheit zu erhalten". Und noch zwei Monate vor seinem Tod, in Madrid, beschwor er jeden in der Politik Verantwortlichen, „die Augen offen zu halten, damit die Freiheit auf der Welt bestehen bleibt!"[32])

Ich will keinen Heiligen aus ihm machen. Das war er nicht und trachtete nicht, es zu sein. Er mußte in dieser Welt zurechtkommen, das heißt, auch mit Gewalt und Niedertracht fertig werden.

Dabei konnte er sich nicht an alle christlichen Lehren halten. Gegen seine politischen Gegner kämpfte er. Am liebsten griff er an, und in der Wahl der Mittel war er nicht pingelig.

Er war mit allen Wassern gewaschen, sah die Menschen illusionslos und im Einzelfall die Mängel eher überdeutlich. Er behandelte viele nicht wie seine ‚Nächsten'; aber er sorgte für alle und führte sie auf gutes Land. In vielen Einzelfällen verstieß er gegen das Gebot der Nächstenliebe; in einem allgemeinen Sinn indessen hielt er sich daran.

Aber vor solchen Dilemmata stehen alle Politiker. Und nicht nur sie. Es ist schon viel, wenn einige ethische Hauptlinien gehalten werden.

Es drängte ihn, auf Menschen Einfluß zu nehmen und sie in die Richtung zu schieben, die er für die beste hielt. Aber er war frei vom Willen der Unterdrückung. Er suchte durch Wort und Beispiel zu überzeugen, und er war ganz aufrichtig in seinen Zielen.

Das Wort Tocquevilles, nur eine Leidenschaft gehabt zu haben, „nämlich die Liebe zur Freiheit und zur Würde des Menschen", hätte Adenauer nicht für sich in Anspruch genommen; aber er hat weitgehend danach gehandelt.

Damit steht dieses Porträt vor Adenauers wichtigster Doppelnatur, der des Idealisten und Realisten, des Machtpolitikers und des christlichen Staatsmanns. Diese Doppelanlage bildete das breite, gesunde Fundament für das gewaltige Werk.

Ausklang und Würdigung

Am Nachmittag des 28. März 1967, dem Osterdienstag, erlitt Adenauer einen Herzinfarkt. Genese und Verlauf dieser letzten Erkrankung sollen hier nicht beschrieben werden; festgehalten sei nur, daß Adenauer zunächst nicht ernstlich krank sein wollte, sich gegen eine zu fürsorgliche Pflege wehrte, und daß (etwa zehn Tage lang) versucht wurde, die Krankheit vor der Öffentlichkeit geheim zu halten. Aber die Schwere der Krankheit ließ sich nicht länger verbergen, und Adenauer fühlte und erkannte, daß es zu Ende ging. Er fand sich damit auch ab und bat seine Kinder, die ihn abwechselnd ständig betreut hatten, am 12. April zu sich, um Abschied zu nehmen. Nacheinander traten sie an sein Bett, drückten ihm die Hand, küßten ihn, Tränen im Gesicht. Der Alte wehrte ab. In dem Zimmer hing ein Gemälde, ein sog. ‚Gnadenstuhl': Gott Vater, groß und mächtig, hielt den gekreuzigten Sohn gütig in den Armen. Auf dieses Bild zeigte Adenauer: „Kein Grund zum Weinen", sagte er.

In den folgenden Tagen sank Adenauer häufig in Bewußtlosigkeit, war aber bis zuletzt, wenn er daraus erwachte, wie alle Zeugen berichten, ganz klaren Geistes. So auch bei einem Geschehnis, das ich lange gezögert habe, weiterzugeben, nun aber meine, doch berichten zu sollen, damit es nicht verloren geht: Ein jüngerer Assistenzarzt, der in Rhöndorf Nachtdienst hatte, erzählte einem von Adenauers Kindern die folgende Episode. Der Kanzler, eines Nachts aus tiefem Schlaf erwachend, habe ihn plötzlich angesprochen, wobei er zutiefst erschrocken gewesen sei über die klare Stimme aus dem Dunkel. Der Kanzler habe die Frage an ihn gerich-

Konrad Adenauer mit dem päpstlichen Christusorden, während seines Abschiedsempfangs im Bundeskanzleramt im Gespräch mit Horst Osterheld, 1963.

Während eines Abschiedsempfangs, 1963.

Konrad Adenauer nach dem Rücktritt 1965.

Der Sarg Konrad Adenauers, im großen Kabinettsaal, auf dem Platz, an dem er immer gesessen hatte, 1967 (Foto oben);
während des Requiems: Heinrich Lübke, Charles de Gaulle, Lyndon B. Johnson, Kurt Georg Kiesinger, Eugen Gerstenmaier (Foto unten; vordere Reihe, von links nach rechts).

tet, wie er verantworten könne, etwas am Leben zu halten, das dazu nicht mehr fähig sei. Überrascht und zunächst nach Worten ringend sprach der Assistenzarzt von den Memoiren, die der Kanzler doch sicher vollenden wolle. Nein, habe Adenauer geantwortet, dafür lägen genügend Unterlagen bereit, die könne auch ein anderer fertigstellen. Auf ein Wiedersehen der Kinder und Enkel angesprochen, habe der Kanzler erwidert, daß er sich von ihnen schon verabschiedet habe. Darauf sprach der Assistenzarzt von dem schönen Wetter; die Blumen kämen schon heraus, und wahrscheinlich würde der Kanzler den Garten doch gern wieder voll in Blüte sehen? Ja, habe Adenauer geantwortet, das würde er wirklich noch einmal gern sehen; aber einmal müsse es zu Ende sein. Und erneut fragte er, wie es mit dem ärztlichen Gewissen vereinbar sei, etwas mit allen Mitteln am Leben zu halten, was nach Gottes Willen zu Ende gehen solle . . .? und darauf sank er wieder in die Bewußtlosigkeit.[33])

Am 19. April 1967, um 13.21 Uhr, starb Konrad Adenauer.

Zwei Stunden später fuhr ich mit Bundesminister Lücke nach Rhöndorf, um den Kindern des Kanzlers vorzutragen, wie wir die Trauerfeierlichkeiten geplant hatten.[34]) Nachdem bald Einverständnis erzielt war, wurden wir eingeladen, Adenauer auf dem Totenbett zu sehen. Ich blieb ziemlich lange. Da lag er nun, der große Mann, den ich so gut gekannt. Tiefer Frieden sprach aus seinen Zügen. Aber sein Gesicht war so schmal geworden, wie ich es nie gesehen. Er war ganz bleich, fast weiß.

So robust seine Natur gewesen war, nun war es offenbar, wie sehr er sich ausgegeben hatte. In einem langen Leben der Pflicht und der Zucht hatte er alles aus sich herausgeholt.

Am 22. 4. wurde Konrad Adenauer im Bundeskanzleramt, im Kabinettsaal, genau an dem Platz aufgebahrt, von dem er über ein Jahrzehnt hindurch viele hundert Sitzungen geleitet hatte. Und obwohl es regnete, gar schneite, kamen Hunderttausend an diesem und dem folgenden Tag, um dem großen Toten die letzte Ehre zu erweisen. Zeitweise war die Schlange der Wartenden einen Kilometer lang.

Und ein ähnliches Bild dann im Dom zu Köln, seiner Vaterstadt, der er als Oberbürgermeister sechzehn Jahre lang so glänzend vorgestanden hatte. Hundertsechzigtausend defilierten in dichten Reihen an dem Sarg vorbei, bis in die Morgenstunden des 25. April.

Zum Staatsakt im Bundestag und zum Requiem im Kölner Dom kamen 29 Staats- und Regierungschefs, an der Spitze de Gaulle, Johnson und Ben Gurion, 91 Sonderdelegationen und an die tausend Ehrengäste aus befreundeten Ländern. Viele Millionen, in der ganzen Welt sollen es vierhundert Millionen gewesen sein, erlebten die Feierlichkeiten am Fernsehen mit. „Auf soviel Teilnahme waren wir nicht gefaßt", sagte Kardinal Frings in der Traueransprache.

Als das Schiff den Toten rheinaufwärts heimbrachte, von Köln nach Grafenwerth, standen Zehntausende an den Ufern Spalier. Sein Grab auf dem Waldfriedhof von Rhöndorf ist viel besucht; und seit sein Haus dem Publikum geöffnet ist, haben es über anderthalb Millionen besichtigt.

Diejenigen, die im Sommer 1963 in Bonner Gesellschaften noch für Adenauer eintraten, hätten – ich schrieb es bereits – in der Pfarrkirche von Rhöndorf bequem Platz gefunden. Im April 1967 rissen sich Tausende dieser Kreise – darunter viele, die ihn bekämpft, und einige, die sich sehr unerfreulich verhalten hatten – darum, beim Requiem im Kölner Dom dabeizusein. Fast alle Zeitungen der Welt meldeten nicht nur den Tod des ersten deutschen Bundeskanzlers, sondern widmeten ihm auch längere würdigende Nachrufe. Bald erschienen auch größere Abhandlungen und Bücher, verstärkt dann zum 100. Geburtstag 1976; und seither arbeitet eine immer sachkundigere Literatur Adenauers Werk und Leistung immer deutlicher und differenzierter heraus.

Churchill nannte ihn den weitschauendsten deutschen Staatsmann seit Bismarck, und manche meinen, daß man in der deutschen Geschichte noch weiter zurückgehen müsse.

Einige seiner Leistungen liegen klar zutage:
- der Wiederaufbau des zerschlagenen Landes, der Wirtschaft, der staatlichen Ordnung und der Gesellschaft[35])
- die Entscheidung für die freien Völker und die Bemühung, uns dort zu verankern durch das Bekenntnis zu Freiheit, Recht und Demokratie, durch die Zugehörigkeit zum atlantischen Bündnis, zum Europa der Sechs und durch den Vertrag mit Frankreich.

Übersehen wird gelegentlich, in welchem Maße Adenauer durch unseren wirtschaftlichen Aufstieg und unsere Freiheit dazu beitrug, die Verhältnisse in der DDR und anderen osteuropäischen Staaten wenigstens etwas zu verbessern.

Es ist auch noch nicht ausreichend untersucht, wieviel er für Frieden, Freiheit und Gerechtigkeit in der Welt geleistet hat.

Noch häufiger wird übersehen, welches Beispiel, welche Lehre er dadurch gab, daß er eine Politik trieb, die zu der totalitärer Regime bewußt gegensätzlich war. Seit Adenauer liegt klar vor aller Welt, daß das Glück der Menschen, soweit es überhaupt erreichbar ist, davon abhängt, daß sich auch die Politik an moralische Grundnormen hält. Er hat es *bewiesen*.

Und noch eine Leistung, die erst seit einiger Zeit ins Bewußtsein getreten ist, sollte nach Umfang und Wirkung noch gründlich und genau untersucht werden, nämlich das Vertrauen, das er für uns Deutsche in der Welt erwarb, und das Vertrauen in uns selbst, das er uns zurückgab.

Als er die Führung in Deutschland übernahm, umgab uns ein Meer des Abscheus; Haß und Feindschaft schlugen uns von überall entgegen. Wellenbrecher konnte nur sein, wer über ungewöhnliche Kräfte verfügte und integer war. Es gab nicht viele. Zahlreiche Gegner des Nationalsozialismus waren umgekommen; andere hatten ‚beigedreht'. Adenauer nicht. Die Welt spürte, daß er echt war, und daß sie ihm trauen konnte. „Er rettete die Deutschen vor der Demoralisierung, vor der Vernichtung und vor der Schande des Naziregimes", schrieb Walter Lippmann (am 3. 5. 1963 in der Washington Post) und Robert Schuman meinte (am 17. 1. 1961), „daß Deutschland es einzig und allein der Politik und der geistigen und moralischen Persönlichkeit Konrad Adenauers zu verdanken habe, daß es so bald in die Familie der Nationen gleichberechtigt aufgenommen wurde".

Dadurch und durch den wirtschaftlichen Aufschwung faßten wir langsam wieder Vertrauen zu uns. Wie sehr das mit Adenauer zusammen-, ja von ihm abhing, hätten die meisten, auch er selber freilich nicht für möglich gehalten. Die schwere Lebenskrise, in die unser Volk seit einiger Zeit gesunken ist, macht es jedoch offenbar. Normalerweise wäre sie unmittelbar nach dem Zusammenbruch zu erwarten gewesen, und da packte sie uns auch. Adenauer jedoch führte uns rasch hinaus, und es schien, als hätten wir Krankheit und Krise überwunden und eine ausreichende Stabilität zurückgewonnen. Nachdem er allerdings von uns gegangen war und uns nicht mehr abschirmen konnte, brach die Krise erneut aus, von außen und innen angefacht – und ist noch nicht überwunden.

Ihm war es darauf angekommen, erst einmal ‚die heilenden Kräfte zu stärken'. Und er hatte zu Kennedy gesagt, daß man ‚den Deutschen, wenn sie keine neuen Sünden begehen, die alten verzeihen' solle.

Er hatte für uns Vertrauen in der Welt erworben – und davon ist manches übrig geblieben.

Er hatte auch versucht, das Vertrauen in uns selbst und in unser Volk wiederzuerrichten – und auch davon wird etwas bleiben.

Den Eid, seine Kraft dem deutschen Volk zu widmen, seinen Nutzen zu mehren und Schaden von ihm zu wenden, hat er beispielhaft gehalten.

Jeder Staatsmann ist anders. Eine solche Zusammenfügung wird es nicht mehr geben. In der Summe wird es schwer sein, ihn zu übertreffen.

Anmerkungen

Ich hätte sehr viele Anmerkungen bringen und jedes Faktum und Zitat belegen können. Um die Lesbarkeit des Buches nicht zu beeinträchtigen, habe ich mich jedoch sehr beschränkt.

[1]) Dr. Nonn zum Verfasser; die übrigen Zitate: Professor Heymer zum Verfasser; Professor Martini, zit. b. Henkels, ... gar nicht so pingelig, m. D. u. H., Düsseldorf, 1966, S. 82 und 137; Professor Stroomann, zit. b. Hausenstein S. 96.
Entgegen Gerüchten hat Adenauer nie Zelleinspritzungen erhalten (s. auch Frau Dr. Bebber-Buch im „Spiegel" vom 9. 10. 1963).
Schön ist die Episode, die Henkels (ebda. S. 134) vom Wahlkampf 1957 berichtet: Der Arzt, den Globke (ohne Wissen Adenauers) vorsichtshalber mitgeschickt hatte, versorgte während des Wahlkampfes die ganze Begleitung mit Tabletten und Pülverchen – der Kanzler bedurfte seiner allerdings nicht; er lernte ihn erst gegen Ende der siebenwöchigen Kampagne, quasi zufällig, kennen.
Es mag auch interessieren, daß Adenauer in den letzten Jahren als Kanzler bei 186 cm Größe nur etwa 150 Pfund wog.

[2]) Poppinga S. 89. Die vorstehenden Zitate: Tätigkeitsbericht Bundesregierung 1957, Bulletin 238/57, Weihnachtsansprache 1958, Bulletin 238/58, Adenauer IV S. 82, Deutsches Fernsehen 16. 1. 1962, Bulletin 110/62, und eine Reihe weiterer Reden und Interviews.

[3]) Dazu Rodens S. 25; Bruce zum „Spiegel" vom 9. 10. 1963; Baring S. 179; Kirkpatrick b. Prittie S. 207. Praktische Beispiele bringen u. a. Eckardt S. 437 (gegenüber Hammarskjöld) und Hausenstein S. 108 (gegenüber Mendès-France).

[4]) Adenauer I S. 439 und Hallstein bei Krein, Daniela: Konrad Adenauer und seine Familie, Frieberg 1957, S. 186; „Bei einer Krise...", wiederholt, ähnlich Poppinga S. 117; „Um Achtung zu erwerben.." Adenauer IV S. 168 und Schallplatte, Interview mit Gaus, Günter (Zur Person, ZDF am 4. 1. 1966), Poppinga S. 245.

[5]) Die Vorlagen sollten höchstens zwei Seiten umfassen; d. h., die Berichte der Ressorts, die oft wesentlich länger waren, mußten gekürzt werden. Das war auch möglich; siehe dazu Osterheld „Ich gehe nicht leichten Herzens..." S. 26.

⁶) Hausenstein S. 74 f.; Augstein, Rudolf, Konrad Adenauer und seine Epoche, in „Die Ära Adenauer", Frankfurt 1964 S. 66, 74; Dehler bei Gaus „Zur Person", Band I, München 1964, S. 76; Baring S. 180 f.; Dreher, Klaus, Der Weg zum Kanzler, Adenauers Griff nach der Macht, Düsseldorf 1972 S. 9 ff.; Lukomski, Jess, Ludwig Erhard, der Mensch und Politiker, Düsseldorf 1965 S. 187, 204, 224; Poppinga S. 28.

⁷) Österreich-Lösung: Gotto, Deutschland-Politik S. 34 ff.; Globke-Pläne: Gotto, ebd., S. 49 ff., Adenauer-Studien Band III, S. 202 ff.; Burgfriedensplan: Gotto, ebd., S. 70 ff., Die Auswärtige Politik der Bundesrepublik Deutschland (Hrsg. Auswärtiges Amt, Köln 1972) S. 472 ff., Osterheld „Ich gehe nicht leichten Herzens..." S. 129 ff.; Stillhalte-Abkommen: Osterheld, ebd., S. 155 ff.

⁸) Henkels, Gesammelte Schwänke, S. 65. Auch die anderen Bücher von Henkels sind voll treffender und trefflicher, heiterer und ernster Anekdoten. Auch die Biographien enthalten einiges.

⁹) Gelegentlich. So für April 1961: Auf CDU-Parteitag 1961, S. 31. Für Herbst 1961: Mende, S. 656.

¹⁰) Immer wieder. Schon früh: Interparlamentarische Union, London, 8. 12. 1951 (Bulletin 18/51); CDU-Parteitag 1953 S. 217; Rede Lüneburg 14. 4. 1955 (Bulletin 72/55); Rede Bundestag 27. 5. 1955 (Bulletin 99/55); Interview Politisch-soziale Korrespondenz 5. 1. 1956 (Bulletin 3/56); Nato-Tagung Bad Godesberg 2. 5. 1957 (Bulletin 81/57); Deutsches Fernsehen 2. 9. 1961 (Bulletin 165/61); zu „Quick" 14. 4. 1963; zu Schorr, Daniel, (Fernsehinterview CBS „Germany since Hitler: Adenauer sums up" 1962); Namensartikel in „Die politische Meinung" November/Dezember 1964 S. 19; Osterheld „Ich gehe nicht leichten Herzens..." S. 16, 264, 269.

¹¹) Bulletin 183/63. Auch sonst in vielen Regierungserklärungen, Reden, Interviews (mit Schorr, Sulzberger, Gaus; Quick am 14. 4. 1963); auf CDU-Parteitag 1964 S. 27; Poppinga S. 349.

¹²) „Spiegel" 6. 10. 1054, S. 5.
„Was werden die Deutschen tun..." Stuttgarter Zeitung 5. 1. 1966. Ähnliche Gedanken immer wieder; „Möchte den Faust als Nr. 1 auf den Index setzen", Schwarz, Adenauer S. 147.
„Das Faustische zu abgründig": Henkels S. 111, zu Schorr a. a. O.

¹³) Weymar S. 209
Adenauer hat die Niederlage früh vorausgesehen: Schallplatte; dabei zitiert der Gesprächspartner Geheimrat Clemen als Zeugen. Libeth Werhahn, geb. Adenauer, zit. b. Prittie S. 127.
Sah – im Gegensatz zu anderen – 1936 den Ausbruch des 2. Weltkriegs richtig voraus; Koch S. 116.
Gegen Nationalsozialisten: Koch S. 94 ff.

[14]) Zu Sulzburger, Cyril, Interview vom 22. 7. 1963; Antizipierung marktwirtschaftlicher Vorstellungen: Morsey, Der politische Aufstieg..., S. 27.
Aufgreifen Marktwirtchaft: Adenauer I S. 60 f.; Regierungserklärung vom 20. 9. 1949; Weymar S. 432.

[15]) Oft. Z. B.: Adenauer I S. 35, 96 f., 472, 496, II S. 17 ff., 124, 264, III S. 110, 150, 185, 193, 466, 481; Rede vom 1. 10. 1963; ZDF; CDU-Parteitag 1964 S. 30; Pressekonferenz 4. 8. 1964; Artikel in „Life" 10. 5. 1954 (Bullet.) U. a. stützte er sich auf das Buch von Friede „Das russiche Perpetuum mobile". Er hat es einigen Politikern, auch ausländischen Staatsmännern, u. a. Kennedy, geschenkt.

[16]) Grewe I. S. 228 ff.; Baring S. 145 ff.; Eckhardt S. 192; Adenauer selbst in II S. 66 ff. und 261; Burger „Die Legende von 1952" (Leer 1962), Rhöndorfer Gespräche V „Die Legende von der verpaßten Gelegenheit"; Wettig a. a. O..

[17]) Clay zit. bei Augstein a. a. O. S. 32.
Robert Schuman am 17. 1. 1961, zit. bei Kopp S. 157.

[18]) Schallplatte; Weymar S. 184; Poppinga S. 239, Schwarz, Adenauer S. 392. Adenauer griff, wie er selber sagte, in schweren Stunden noch wiederholt zu diesem Buch. Ähnlich wie den Kapitän im „Taifun" sah Giesen (ein langjähriger Mitarbeiter aus der Kölner Zeit) Adenauer selbst: noch wesentlicher als die überlegene Intelligenz und die ungewöhnliche Energie sei Adenauers unerschöpfliche Geduld gewesen, zit. b. Weymar S. 184.

[19]) Osterheld „Ich gehe nicht leichten Herzens..." S. 209 ff., 219 ff.

[20]) Dazu ausführlich Osterheld „Ich gehe nicht leichten Herzens..." S. 240 ff. Zu der weiter oben erwähnten Spannung 1962: Osterheld „Ich gehe nicht leichten Herzens..." S. 105 ff.

[21]) Osterheld „Ich gehe nicht leichten Herzens..." S. 58. Zum Bau der Berliner Mauer allgemein: a. a. O. S. 50-66.

[22]) S. de Madariaga (Krein a. a. O. S. 178); Robert Schuman (Kopp a. a. O. S. 157); Acheson, Tischrede bei Adenauers USA-Besuch 1962. Spaak, Stikker, Bech u. a. in „Konrad Adenauer, Würdigung und Abschied", Stuttgart 1967; Bech auch bei Krein a. a. O. S. 174 f.

[23]) Siehe auch Osterheld „Ich gehe nicht leichten Herzens..." S. 223.
Zu Kampf um Ratifizierung des deutsch-französischen Vertrags: Osterheld „Ich gehe nicht leichten Herzens..." S. 218 ff.

[24]) Weymar S. 410, Koch S. 54; dort auch die Bemerkung Clemenceau's, daß das Scheitern der Separatistenbewegung unter Dorten auf Adenauer zurückzuführen sei (S. 56); Verurteilung Adenauers zum Tode durch ein Revolutionsgericht der Separatisten: Schallplatte, Weymar S. 81. Für die Zeit nach dem Ersten Weltkrieg: Erdmann, das ganze Buch; Schwarz, Adenauer S. 202 ff.; Koch S. 47 ff. Für die Zeit nach dem Zweiten Weltkrieg: Küsters/Mensing S. 23 ff. und Dokumentation; Schwarz a. a. O. S. 452 ff.

[25]) Osterheld „Ich gehe nicht leichten Herzens..." S. 123 f. Daß Entschlüsse für ihn „keine Last" bedeuten: Adenauer zu Gaus a. a. O.; ebenso an seinem 90. Geburtstag zu den Ministern seiner früheren Kabinette.

[26]) Auf Schallplatte. Ähnlich vor US-Senat 28. 5. 1957 (Bulletin 100/57). Gott erwarte von uns eigene Anstrengungen, verwirklichen zu helfen, „was wir auf ethischer Grundlage als richtig erkannt haben": Zu „Quick" 20. 10. 1963. Auch Weihnachtsansprache 1955 (Bulletin 242/55) usw.

[27]) Schallplatte; Adenauer II S. 168; zu Gaus a. a. O.; usw.

[28]) Wiederholt. Adenauer III S. 304; de Gaulle a. a. O. S. 224.

[28]) In Abschiedsrede in Berlin am 10. 10. 1063 (Bulletin 182/63). Bemerkungen zu Sozialismus: Adenauer I S. 62. Zu Klassenkampf: Adenauer I S. 45. Degradierung durch atheistischen Materialismus: Adenauer in „Foreign Affairs" September 1962 und bei einer Reihe anderer Gelegenheiten; noch in seiner letzten Rede vor der Deutschland-Stiftung am 27. 2. 1967.

[30]) Am 1. 3. 1946. Dazu Adenauer I S. 57 ff. „Handschriftlich": Morsey I S. 26, Anmerkung 8. „Keine kirchliche Partei": CDU-Parteitag 1952 S. 147 und 1962 S. 204. Versöhnung und Klassen und Konfessionen: Adenauer III S. 318; CDU-Parteitag 1962 S. 204; Großbotschaft an eucharistischen Weltkongreß 1960 (Bulletin 139/60) usw.

[31]) Bundestagsrede vom 9. 10. 1962 (Bulletin 188/62). Im einzelnen: Osterheld „Ich gehe nicht leichten Herzens..." S. 110, 148 und Anmerkung 62.

[32]) Diesen Satz sprach Adenauer frei am Ende des vorbereiteten Textes (Poppinga S. 324). „Kirchhofsfrieden": Weihnachtsansprache 1952; CDU-Parteitag 1961 S. 324.

[33]) Wurde mir am 22. 4. 1967, also drei Tage nach Adenauers Tod erzählt und von mir am selben Tage notiert.

³⁴) Die Annahme bei Koch S. 508, Globke habe die Organisation der Beisetzungsfeierlichkeiten übernommen, geht auf eine Zeitungsmeldung jener Tage zurück, die allerdings unzutreffend war. So etwas kommt natürlich immer wieder vor, sollte aber doch richtiggestellt werden – auch wenn es in eigener Sache geschieht. Die Organisation lag bei mir. Wie alle wußten, hatte ich mit Adenauer noch immer in Verbindung gestanden und war als Leiter der Abteilung I im Bundeskanzleramt auch zuständig. Ich entwarf die wesentlichen Vorstellungen (Aufbahrung im Kanzleramt und im Dom, Staatsakt mit großer ausländischer Beteiligung, Requiem und Heimfahrt auf dem Rhein); die praktische Arbeit wurde von einer großen Arbeitsgruppe geleistet (Protokoll des BMI, AA BMVtg, weitere Abteilungen dieser Häuser, BPA, Polizei, Grenzschutz, Vertretungen von NRW, Rheinland-Pfalz, der Städte Bonn, Köln, Königswinter usw.). Sie tagte quasi in Permanenz, arbeitete hervorragend und wurde (unter meiner Verantwortung) von Ministerialrat Grundschöttel vom Bundeskanzleramt geleitet. Bei der Vorbereitung hatten wir uns (wie richtig berichtet wurde) mit der Beisetzung Churchills befaßt, auch der Bismarcks, fanden dann aber eigene Lösungen.

³⁵) Hier ist noch viel zu forschen. Auf die Versöhnung der Klassen und Konfessionen wies ich bereits hin. Auf eine weitere, nicht oft gesehene Leistung, nämlich die Bildung der CDU machte Carlo Schmid in „Zeit" vom 21. 4. 1967 aufmerksam: Adenauer habe Millionen von durch die Ereignisse der letzten Jahrzehnte steuerlos gewordener, bürgerlich empfindender Menschen eine breite Möglichkeit geboten, sich neu auf den demokratischen Staat hin zu orientieren. Daraus sei eine starke demokratische Kraft geworden.

Zeittafel

1876 Am 5. Januar geboren als drittes von vier Kindern des Sekretärs und späteren Kanzleirats Konrad Adenauer und seiner Frau Helene, geb. Scharfenberg.
1894 Abitur. Anschließend Studium der Rechtswissenschaften und Volkswirtschaft an den Universitäten Freiburg, München und Bonn.
1897 1., 1901, 2. juristisches Staatsexamen. Anschließend Tätigkeit bei der Staatsanwaltschaft, in einem Rechtsanwaltsbüro und als Hilfsrichter.
1904 Heirat mit Emma, geb. Weyer (gest. 1916). Aus dieser Ehe stammen die Kinder Konrad, Max und Ria.
1906 Beigeordneter der Stadt Köln; 1909: Erster Beigeordneter (Finanz-, Personal- und Ernährungsdezernat).
1917 Oberbürgermeister von Köln; als solcher Mitglied des preußischen Herrenhauses; seit 1921 Präsident des preußischen Staatsrats.
1919 Heirat mit Gussie, geb. Zinsser (gest. 3. 3. 1948). Aus dieser Ehe stammen die Kinder Ferdinand (früh gestorben), Paul, Lotte, Libeth und Georg.
   Als Oberbürgermeister von Köln: Einrichtung der Kölner Messe, Wiedereröffnung der Kölner Universität, Bau des neuen Rheinhafens bei Niehl, großzügige Eingemeindungen, Grundsteinlegung der deutschen Ford-Werke und zahlreicher größerer und mittlerer Industriebetriebe, Schaffung des Grüngürtels, Bau des ersten Sportstadions in Deutschland (Müngersdorf) und fünfzig weiterer Sportanlagen, Gründung der Hochschule für Sport und der Hochschule für Musik; Pressa, erste internationale Presseausstellung der Welt; 1932 Bau der Autobahn zwischen Köln und Bonn, der ersten Autoschnellstraße in Deutschland.
1933 Von den Nationalsozialisten aus Köln vertrieben und als Oberbürgermeister entlassen. April – Anfang 1934: erster Aufenthalt in Maria Laach; anschließend in Berlin. Verhaftung anläßlich des Röhm-Putsches 1934. 1935 nach Rhöndorf, nach einigen Monaten Ausweisung aus dem Regierungsbezirk Köln = erneute Trennung von der Familie. 1937 Bau seines Hauses. Nach dem 20. Juli 1944 erneut verhaftet; Konzentrationslager auf dem Messegelände in Köln; Flucht; anschließend bis Ende November: Gestapo-Zuchthaus Brauweiler.
1945 Wieder Oberbürgermeister von Köln; am 6. Oktober von den Engländern entlassen.
1946 Vorsitzender der CDU in der britischen Zone; Mitglied des Zonenbeirats und des Landtags von Nordrhein-Westfalen.
1948 Präsident des Parlamentarischen Rats.
1949/ Erste Regierung Adenauer (CDU/CSU, FDP und DP). Einstellung
1953 der Demontagen; Arbeitsbeschaffung; Wohnungsbau; Eingliederung der Heimatvertriebenen; Mitbestimmung; Betriebsverfassung; Lastenausgleich. Petersberger Abkommen = Entscheidung für den

Westen. Seit 1951 auch Außenminister; Schuman-Plan; Verhandlungen über Europäische Politische Union; Wiedergutmachungsabkommen mit Israel.

1953/ Zweite Regierung Adenauer (CDU/CSU, FDP, DP u. BHE). Einfüh-
1957 rung der Wehrpflicht, Grüner Plan, Rentenreform. Nach Ablehnung der EVG durch die französische Nationalversammlung: Aufnahme in WEU und NATO. Wiedererlangung unserer Souveränität. Moskaubesuch. Entscheidung des Saarlands für Rückgliederung an Deutschland. Gründung der Europäischen Wirtschaftsgemeinschaft und Euratoms.

1957/ Dritte Regierung Adenauer (CDU/CSU, DP). Aufhebung der
1961 Wohnungszwangswirtschaft, Privatisierung von Bundesvermögen, Bundessozialhilfegesetz. Erste Begegnung mit de Gaulle. Sowjetisches Berlin-Ultimatum. Tod von Dulles. Bundespräsidentenkrise. Scheitern der Pariser Gipfelkonferenz. Bau der Berliner Mauer.

1961/ Vierte (und fünfte – nach Umbildung Ende 1962) Regierung Ade-
1963 nauer (CDU/CSU, FDP). Erste Aufwertung der D-Mark. Gemeinsame Europäische Agrarpolitik; aber Scheitern der Bemühungen um ein europäisches politisches Statut. Zwei amerikanisch-sowjetische Gesprächsrunden über internationale Zugangsregelung für Berlin. Burgfriedensplan. Kuba-Krise. Staatsbesuch Adenauers in Frankreich und de Gaulles in Deutschland; deutsch-französischer Freundschaftsvertrag. Errichtung von Handelsmissionen zwischen Deutschland und Polen. Beitritt zum Abkommen über den Atomversuchsstop.

11. Oktober: Adenauer reicht Rücktrittsgesuch ein.

15. Oktober: Verabschiedung im Bundestag und Entgegennahme der Entlassungsurkunde.

1964 Achte Wiederwahl zum Parteivorsitzenden der CDU.
1965 Veröffentlichung des ersten Bandes der Erinnerungen.
1966 Verzicht auf Parteivorsitz. Besuch Israels.
1967 Besuch in Spanien.

28. März (Osterdienstag); erste Herzattacke. 19. April, 13.21 Uhr: Tod.

Literatur

Acheson, Dean, Sketches from Life, London 1961

Adenauer, Konrad, Erinnerungen 1945 bis 1953 (Band I); Erinnerungen 1953 bis 1955 (Band II); Erinnerungen 1955 bis 1959 (Band III); Erinnerungen 1959 bis 1963, Fragmente (Band IV), alle Stuttgart

Adenauer, Konrad, Schallplatte „Aus meinem Leben", Odeon 300 000, Vertrieb: Elektrola GmbH

Konrad Adenauer. Oberbürgermeister von Köln. Festgabe der Stadt Köln zum 100. Geburtstag ihres Ehrenbürgers am 5. 1. 1976. Hrsg. v. Hugo Stehkämper. Köln 1976

Adenauer-Studien I bis V. Hrsg. v. Rudolf Morsey u. Konrad Repgen, Mainz 1971 bis 1977

Adenauer. Teegespräche 1950 bis 1954 (Band I); 1955 bis 1958 (Band II). Hrsg. v. Rudolf Morsey u. Hans-Peter Schwarz, bearb. v. Hanns Jürgen Küsters. (Rhöndorfer Ausgabe). Berlin 1985

Konrad Adenauer und seine Zeit. Politik und Persönlichkeit des ersten Bundeskanzlers. Band I und Band II. Hrsg. v. Dieter Blumenwitz, Klaus Gotto, Hans Maier, Konrad Repgen und Hans-Peter Schwarz. Stuttgart 1976

Arntz, Helmut (Hrsg.) Regierung Adenauer 1949–1963, Wiesbaden 1963

Baring, Arnulf, Außenpolitik in Adenauers Kanzlerdemokratie, München 1969

Baring, Arnulf: Sehr verehrter Herr Bundeskanzler! Heinrich von Brentano im Briefwechsel mit Konrad Adenauer 1949 bis 1964, Hamburg 1974

Ben Gurion, David, Adenauers Größe, in Jerusalem Post, 14. 10. 1963

Buchheim, Hans, Adenauers Deutschlandpolitik in: „Konrad Adenauer, Ziele und Wege", von Hase und Koehler, Mainz 1972

Carstens, Karl, Politische Führung, Stuttgart 1971

Catudal, Honoré M., Kennedy in der Mauer-Krise. Eine Fallstudie zur Entscheidungsfindung in USA, Berlin 1981

Craig, Gordon, Deutsche Staatskunst von Bismarck bis Adenauer, Düsseldorf 1961

Eckhardt, Felix von, Ein unordentliches Leben, Düsseldorf 1967

Erdmann, Karl Dietrich, Adenauer in der Rheinlandpolitik, Stuttgart 1966

Friede, Dieter, Das russische Perpetuum Mobile, Würzburg 1959

Gaulle, Charles de, Memoiren der Hoffnung. Die Wiedergeburt 1958 bis 1962. München 1972

Gotto, Klaus, Adenauers Deutschland- und Ostpolitik 1954 bis 1963, in: Adenauer-Studien III, S. 3-91. Mainz 1974

Gotto, Klaus (Hrsg.), Der Staatssekretär Adenauers. Persönlichkeit und politisches Wirken Hans Globkes, Stuttgart 1980

Grewe, Wilhelm, Deutsche Außenpolitik der Nachkriegszeit, Stuttgart 1960

Grewe, Wilhelm, Rückblenden 1946 bis 1951. Aufzeichnungen eines Augenzeugen deutscher Außenpolitik von Adenauer bis Schmidt, Frankfurt 1979

Hallstein, Walter, Der unvollendete Bundesstaat, Düsseldorf 1969

Hausenstein, Wilhelm, Pariser Erinnerungen, München 1961

Heck, Bruno, Vorwort zu „Konrad Adenauer, Ziele und Wege", Mainz 1972

Henkels, Walter, Doktor Adenauers gesammelte Schwänke, Düsseldorf 1976

Henkels, Walter, Neues vom Alten, Düsseldorf 1975

Henkels, Walter, Adenauers gesammelte Bosheiten. Eine anekdotische Nachlese, Düsseldorf 1983

Koch, Peter, Konrad Adenauer, eine politische Biographie, Hamburg 1985

Krone, Heinrich, Aufzeichnungen zur Deutschland- und Ostpolitik 1954 bis 1969, in Adenauer-Studien III, S. 134 bis 201, Mainz 1974

Küsters, Hanns Jürgen/Mensing, Hans Peter, Kriegsende und Neuanfang am Rhein. Konrad Adenauer in den Berichten des Schweizer Generalkonsuls Franz-Rudolph von Weiß 1944 bis 1945, München 1986

Lacouture, Jean, De Gaulle, Band 3, Le Souverain, Paris 1986

Mende, Erich, Die neue Freiheit, Zeuge der Zeit 1945 bis 1961, Taschenbuchausgabe, Bergisch-Gladbach 1986

Morsey, Rudolf, Adenauer und der Nationalsozialismus in: Adenauer, Oberbürgermeister, S. 447 bis 497

Morsey, Rudolf/Löw, Konrad/Eisenmann, Peter, Konrad Adenauer, Leben und Werk, München 1976

Morsey, Rudolf, Konrad Adenauer und die Gründung der Bundesrepublik Deutschland (Rhöndorfer Gespräche, Band III), Stuttgart 1979

Osterheld, Horst, Adenauers Abschiedsbesuch bei de Gaulle, in: Konrad Adenauer und seine Zeit, Band 1, S. 606 bis 617

Osterheld, Horst, „Ich gehe nicht leichten Herzens..." Adenauers letzte Kanzlerjahre – ein dokumentarischer Bericht von Horst Osterheld, Mainz 1986

Osterheld, Horst, Der Staatssekretär des Bundeskanzleramtes in: Der Staatssekretär Adenauers (Hrsg. v. Klaus Gotto) S. 99 bis 126

Poppinga, Anneliese, Meine Erinnerungen an Konrad Adenauer, Stuttgart 1970

Prittie, Terence, Konrad Adenauer, Vier Epochen deutscher Geschichte, Stuttgart 1971

Rhöndorfer Gespräche, Stiftung Bundeskanzler-Adenauer-Haus, Band 1 bis 7, Stuttgart 1978 bis 1982, Bonn 1985

Rodens, Franz, Konrad Adenauer, der Mensch und Politiker, München 1963

Schröder, Georg, Konrad Adenauer, Porträt eines Staatsmanns, Gütersloh 1966

Schwarz, Hans-Peter, Die Ära Adenauer, Epochenwechsel 1957 bis 1963, Stuttgart-Wiesbaden 1983

Schwarz, Hans-Peter, Adenauer, Der Aufstieg 1946 bis 1952, Stuttgart 1986

Seydoux, François, Beiderseits des Rheins, Erinnerungen eines französischen Diplomaten, Frankfurt 1975

Shinnar, Felix, Bericht eines Beauftragten, Tübingen 1967

Stehkämper, Hugo, Konrad Adenauer als Katholikentagspräsident 1922, in Adenauer-Studien, Band IV, Mainz 1977

Stikker, Dirk, Bausteine für eine neue Welt, Düsseldorf 1966

Strobel, Robert, Adenauer und der Weg Deutschlands, Luzern 1965

Wagner, Wolfgang, Die Bundespräsidentenkrise, Adenauer-Studien, Band II, Mainz 1972

Wettig, Gerhard, Die sowjetische Deutschland-Note vom 10. März 1952, in Deutschland-Archiv 15 (1982), S. 130 bis 148

Weymar, Paul, Konrad Adenauer, die autorisierte Biographie, München 1955

Personenregister

Acheson 41, 42, 83, 100
Adenauer, Paul (Sohn) 25
Augstein 32, 92
Ayub Khan 41
Bebber-Busch (Dr.) 111
Bech 41, 83
Bismarck 10, 68, 90, 107, 115
Brüning 10, 65
Bulganin 38, 42
Chruschtschew 38, 42, 58, 67
Churchill 30, 41, 58, 62, 63, 81, 107, 115
Clay 41, 61, 70
Clemenceau 114
Conrad, Josef 72
Couve de Murville 41
Craig 82
Dehler 92
Disraeli 93
Dufhues 91
Dulles 21, 41
Eckardt 111
Eden 41
Eisenhower 41
Erhard 25, 48, 66, 78, 92
Eschkol 88
Francois-Poncet 77
Frings 107
Gaillard 41
de Gaulle 10, 11, 21, 26, 30, 31, 36, 41, 48, 62, 75, 76, 80, 81, 92, 93, 107
Gerstenmaier 19, 54
Giesen 41, 113
Globke 31, 43, 45, 55, 111, 115
Goldmann 41
Graham, Billy 98
Grotewohl 70
Grundschöttel 115
Gurion, Ben 30, 41, 80, 81, 100, 102, 107
Guttenberg 38, 99
Hallstein 64, 111
Hausenstein 49, 61, 111
Heck 56
Heinemann, Dannie 41, 86
Henkels 111
Herwegen (Abt) 41
Heuß 61
Heymer (Prof.) 111
Hilty 99
Hitler 10, 63, 65, 70, 72, 79, 81
Hoover 41
Johnson 41, 107
Kennan 62
Kennedy, Edward 39

Kennedy, John F. 12, 14, 21, 29, 31, 40, 41, 88, 92, 113
Kennedy, Robert 39
Kirkpatrick 111
Lange 41
Lippmann, Walter 108
Lücke (Bundesminister) 106
de Madariaga, Salvador 83
Mann, Golo 31, 48, 95
Martini (Prof.) 111
McCloy 41, 63, 73
McMillan 41
McNamara 79
Meany 41
Mende 93
Molotow 42
Monnet 41, 64, 83, 92
Moro 41
Nasser 14
Nixon 41
Noelle-Neumann 51
Nonn (Dr.) 111
Ollenhauer 60
Pakenham (Lord) 62, 89
Pearson 41
Pferdmenges 41
Pieck 70
Pius XII. 41
Pompidou 41
Prittie 47
Rapacki 62
Robertson 100
Rusk 79
Schleicher (General) 80
Schliebusch (Major) 41
Schmid, Carlo 81, 103, 115
Schumacher 22
Schuman, Robert 41, 70, 74, 83, 108
Segni 41
Sforza 41
Spaak 14, 41, 83
Stalin 102
Strauß 37, 53
Stresemann 10
Stroomann (Prof.) 111
Sulzberger 98
Tocqueville 104
Truman 93
von Hase 42
von Weiss (Schweizer Generalkonsul) 41
von Zeeland 41
Werner 41
Yoshida 41
Zander 41

BONN AKTUELL

Themen der Zeit

Brigitte Sauzay
Die rätselhaften Deutschen
Die Bundesrepublik von außen gesehen
BONN AKTUELL, 1986,
gebunden, mit Schutzumschlag,
285 Seiten.
ISBN 3-87959-257-8
Aus der Sicht der französischen Intellektuellen sieht Deutschland anders aus als es die offiziellen Verlautbarungen vermuten lassen. Es ist ein kritisches Deutschlandbild, das nicht frei ist von Beunruhigung. Brigitte Sauzay läßt es ... nicht bei „Fragen an Deutschland" bewenden. Sie zeigt, daß sich aus der deutschen Entwicklung Perspektiven ergeben, die auch die französische Selbstgewißheit in Frage stellen müssen.

Monika Weichert von Hassel (Hrsg.)
Der zerrissene Schleier
Frauen in unserer Zeit
BONN AKTUELL, 1987,
gebunden, mit Schutzumschlag,
221 Seiten.
ISBN 3-87959-309-4
Das Buch lädt ein, den Pragmatismus des politischen Alltags zu verlassen, sich auf den Wertewandel im Bereich der Frauenfrage und der Familienpolitik in den letzten fünfzig Jahren zu besinnen und Lösungen für die aktuellen Probleme zu finden.
Die Autoren nehmen jenseits des hitzigen Schlagabtausches der politischen Tagesdiskussion zu einzelnen Aspekten der Frauenfrage und der Familienpolitik Stellung.

Hans-Dietrich Genscher
Deutsche Außenpolitik
Ausgewählte Reden und Aufsätze
1974–1985
BONN AKTUELL, 1985,
gebunden, mit Schutzumschlag,
588 Seiten.
ISBN 3-87959-238-1
Am 17. Mai 1974 erhielt Hans-Dietrich Genscher das Amt des Außenministers und Vizekanzlers der Bundesrepublik Deutschland. 13 Jahre sind seither vergangen, Genscher ist zum dienstältesten Außenminister der Welt nach Gromyko geworden. Der Weg ging: vom Höhepunkt der Entspannung 1974/75 zur Krise der Ost-West-Beziehungen Anfang der 80er Jahre und von da, seit Januar 1985, zum Versuch eines umfassenden Neubeginns; von der Ölpreisexplosion 1974 und dem machtvollen Eintritt der Dritten Welt in die große Politik zur Hungerkrise Afrikas und Schuldenkrise Lateinamerikas.

Eberhard Puntsch
Politik und Menschenwürde
Der liberale Weg
Mit einem Vorwort von Martin Bangemann
BONN AKTUELL, 1986,
gebunden, mit Schutzumschlag,
135 Seiten.
ISBN 3-87959-265-9
Das Buch beschreibt die Situation des Liberalismus in Deutschland und die Ziele liberaler Politik in außerordentlicher Dichte und Prägnanz.

Verlag BONN AKTUELL GmbH

BONN AKTUELL

Themen der Zeit

Willi Albers
Auf die Familie kommt es an
Familienpolitik als zentrale Aufgabe
BONN AKTUELL, 1986, Broschur,
137 Seiten.
ISBN 3-87959-285-3
Dieses Buch will eine kurzgefaßte aber dennoch gesamthafte Darstellung der Familienpolitik geben. Es befaßt sich mit den Aufgaben der Familien in der Gesellschaft, mit den Gründen, warum diese Aufgaben unzulänglich erfüllt werden sowie mit der daraus resultierenden neuen Aufgabenstellung für Staat und Politik.

Ernst Martin
Zwischenbilanz: Deutschlandpolitik der 80er Jahre
BONN AKTUELL, 1986, Broschur,
166 Seiten.
ISBN 3-87959-303-5
Mit dieser „Zwischenbilanz" wird eine Bestandsaufnahme der innerdeutschen Beziehungen vorgelegt, die sich in den letzten Jahren erkennbar verdichtet haben. Zugleich wird der Rahmen deutlich gemacht, in den die innerdeutschen Beziehungen als Teil der Deutschlandpolitik eingeordnet sind.

Ludolf Herrmann
Die neue Zuversicht
Über den Erfolg der politischen Erneuerung
BONN AKTUELL 1986, gebunden,
mit Schutzumschlag 168 Seiten
ISBN 3-87959-283-7
Ludolf Herrmann hatte sich vorgenommen eine Bilanz der politischen Erneuerung aufzuzeichnen, die seit dem Bonner Regierungswechsel 1982 stattfindet. Dabei kam es ihm weniger auf Zahlen und wirtschaftliche Daten an als vielmehr auf den gefühlsmäßigen und geistigen Hintergrund, vor dem sich der Wechsel in der Bonner Politik vollzogen hat.

Bernhard Vogel
Wie wir leben wollen
Grundsätze einer Politik für morgen.
BONN AKTUELL, 1986, gebunden,
mit Schutzumschlag, 237 Seiten.
ISBN 3-87959-297-7
Die Themen ergaben sich von selbst: Leben, Schöpfung, Familie, Gesellschaft, und soziale Sicherungssysteme Friedensordnung und Dritte Welt, die neuen Technolgien, die Zukunft des ländlichen Raumes. Die Autoren stellten sich auch die Frage, was Politik zur Lösung dieser Fragen überhaupt beitragen kann. Und welche Rolle kommt dabei einer christlichen Grundhaltung zu?

Verlag BONN AKTUELL GmbH